世界国防科技年度发展报告（2016）

国防科技管理领域发展报告

GUO FANG KE JI GUAN LI LING YU FA ZHAN BAO GAO

中国国防科技信息中心

国防工业出版社

·北京·

图书在版编目（CIP）数据

国防科技管理领域发展报告/中国国防科技信息中

心编 . —北京：国防工业出版社，2017.4

（世界国防科技年度发展报告 . 2016）

ISBN 978-7-118-11272-6

Ⅰ. ①国…　Ⅱ. ①中…　Ⅲ. ①国防科学技术—科技发

展—研究报告—世界—2016　Ⅳ. ①E115

中国版本图书馆 CIP 数据核字（2017）第 055247 号

国防科技管理领域发展报告

编　　者	中国国防科技信息中心
责任编辑	汪淳　王鑫
出版发行	国防工业出版社
地　　址	北京市海淀区紫竹院南路 23 号　100048
印　　刷	北京龙世杰印刷有限公司
开　　本	710×1000　1/16
印　　张	8½
字　　数	94 千字
版印次	2017 年 4 月第 1 版第 1 次印刷
定　　价	51.00 元

《世界国防科技年度发展报告》

（2016）

编 委 会

主　　任　刘林山

委　　员（按姓氏笔画排序）

卜爱民	王　逢	尹丽波	卢新来
史文洁	吕　彬	朱德成	刘　建
刘秉瑞	杨志军	李　晨	李天春
李邦清	李成刚	李晓东	何　涛
何文忠	谷满仓	宋志国	张英远
陈　余	陈永新	陈军文	陈信平
罗　飞	赵士禄	赵武文	赵相安
赵晓虎	胡仕友	胡明春	胡跃虎
真　溱	夏晓东	原　普	柴小丽
高　原	席　青	景永奇	曾　明
楼财义	熊新平	潘启龙	戴全辉

《国防科技管理领域发展报告》

审稿人员（按姓氏笔画排序）

吕　彬　刘林山　李向阳　李杏军
赵相安　赵超阳　耿国桐　真　溱
智　慧　游宏梁

撰稿人员（按姓氏笔画排序）

于琛琛　万礼赞　王　阳　王　磊
卢胜军　白　舸　任　炜　刘　同
刘　登　刘文平　齐卓砾　李　洁
李　维　李宇华　李晓松　张玉华
张代平　赵超阳　郝俊磊　董齐光
韩　力　程享明　曾　昊　谢冰峰
靳　飞　靳天喜　詹　鸣　蔡文君
魏俊峰

编写说明

军事力量的深层次较量是国防科技的博弈，强大的军队必然以强大的科技实力为后盾。纵观当今世界发展态势，新一轮科技革命、产业革命、军事革命加速推进，战略优势地位对技术突破的依赖度明显加深，军事强国着眼争夺未来军事斗争的战略主动权，高度重视推进高投入、高风险、高回报的前沿科技创新。为帮助对国防科技感兴趣的广大读者全面、深入了解世界国防科技发展的最新动向，我们秉承开放、协同、融合、共享的理念，共同编撰了《世界国防科技年度发展报告》（2016）。

《世界国防科技年度发展报告》（2016）由综合动向分析、重要专题分析和附录三部分构成。旨在通过深入分析国防科技发展重大热点问题，形成一批具有参考使用价值的研究成果，希冀能为促进自身发展、实现创新超越提供借鉴，发挥科技信息工作"服务创新、支撑管理、引领发展"的积极作用。

由于编写时间仓促，且受信息来源、研究经验和编写能力所限，疏漏和不当之处在所难免，敬请广大读者批评指正。

中国国防科技信息中心

2017 年 3 月

前　言

　　2016 年，随着高新技术的飞速发展、全球战略环境的深刻变化，美国、俄罗斯、英国、日本等国家先后出台国防科技战略规划与政策文件，持续推进国防科技创新管理体制机制调整改革，创建相关国防科技创新机构，组织开展灵活多样的国防科技创新活动，加强国防科技基础设施和人才队伍建设，以全面提升国防科技创新能力，推进国防科技成果转化应用。为了解掌握国外国防科技创新管理最新动向、典型做法和发展趋势，中国国防科技信息中心以管理与政策研究室为骨干力量，组织编写了 2016 年《国防科技管理领域发展报告》。

　　本书由三部分组成，第一部分是综合动向分析，综合分析了 2016 年世界主要国家国防科技管理的主要做法和改革举措。第二部分是重要专题分析，对世界主要国家国防科技管理体制改革、美军利用民间力量推动国防科技创新发展、美国国防高级研究计划局创新机制等 10 个主题进行了重点分析。第三部分是附录，按时间顺序梳理了一年来国防科技管理领域的重要事件和热点动向。

　　由于编写时间仓促，且受信息来源、研究经验和编写能力所限，错误和疏漏之处难免，敬请各位专家和学者批评指正。

编者

2017 年 3 月

目　录

综合动向分析

重要专题分析

附录

综合动向分析

2016 年国防科技管理领域发展综述

2016 年，新一轮科技革命孕育兴起进入重要阶段，全球科技创新呈现出新的发展态势和特征，新军事变革持续深化，世界主要大国之间军事竞争日趋加剧，国防科技成为国家军事实力较量和未来战争博弈的重要领域。在此背景下，世界主要国家先后出台国家顶层战略规划与国防科技政策文件，调整改革国防科技管理体制，创新国防科技管理策略和方法手段，推动科技成果的快速转化应用，加强国防科技基础设施和人才队伍建设，不断提升国防科技创新能力。

一、出台相关战略规划和政策文件，加强国防科技战略管理与顶层筹划

2016 年，美国、俄罗斯、英国、澳大利亚、日本等国，分别针对国际国内形势任务与挑战，高度重视国防科技战略管理与顶层筹划，分别出台相关战略规划与法规政策，指导和牵引国防科技创新发展。

（一）美国

2016 年，美国继续引领世界科技创新浪潮，深入推进实施"第三次抵

消战略",积极谋求国防科技发展绝对领先优势,出台多份国防科技法规政策与战略规划文件,谋划国防科技管理改革,明确国防科技工作的方向与重点,指导和推进国防科技工作开展。

一是国会立法强化国防科技创新重要地位,完善国防科技创新管理制度。美国 2016 年 12 月底审议通过《2017 财年国防授权法》,明确提出提升研究与工程助理国防部长至副国防部长级别,提升国防科技管理部门的层级,并详细规范其职责,新体制将于 2018 年 2 月 1 日起正式运行。此外,该法还对国防科技管理机制进行固化,具体包括:对美国国防高级研究计划局(DARPA)、战略能力办公室和基础研究提供充分资助;授权军内实验室负责人和国防高级研究计划局局长探索建立一套有助于推进创新的管理举措;固化国防高级研究计划局独特的人事系统并扩大其灵活性,使其能够竞聘世界级的技术人才;使国防部快速创新项目永久化,成为常态化机制;进一步完善国防部小企业创新研究计划和小企业技术转移计划,推动国防科技成果的快速转化应用。

二是联邦政府发布相关战略规划,对涉及国家安全的重点领域方向进行布局。2016 年 5 月底,美国总统科技政策办公室发布《21 世纪美国国家安全科学、技术与创新战略》,分析了影响美国国家安全科技创新发展的重点领域及发展趋势,并从科技人才激励、基础设施共建共用、跨部门跨学科合作、采用商业模式加速转化应用四个方面提出推动科技创新的政策措施。此外,美国还在网络空间、大数据、量子科技等领域积极谋划,夺取优势,抢占先机。2016 年 2 月 9 日,美国政府发布网络空间国家行动计划(CNAP),在总结奥巴马任期内 7 年多的网络空间安全经验做法基础上,从国家层面启动这项长期、宏大的网络空间行动计划,全面维护美国政府、企业和民众的网络空间安全。2016 年 5 月 19 日,美国国家科学技术委员会发布《联邦大数据研究与发展战略规划》，明确美国联邦政府各部门大数据研发的战略目标、经费安排、保障措施，指导和推动联邦政府包括国防部大数据研究工作开展。2016 年 7 月 22 日，美国国家科学技术委员会发布《先进量子信息科学：国家挑战及机遇》报告，分析了量子信息科学的应用前景，阐述了美国在该领域发展所面临的挑战，明确了量子信息科学的投资重点等。

三是军方发布战略规划文件，指导国防科技创新发展。作为推动国防科技创新的具体实施部门，国防部和军种积极借助国家科技创新的活跃态势，适时谋划发展战略规划。2016 年，美国国防部发布的《在信息环境下的作战战略》《信息技术环境：面向未来战略格局的途径》等报告，为信息环境下面向作战需要的国防科技工作提供了重要指导和牵引。《国防研究与工程战略指南》指导全军国防科技创新工作。2016 年，军种也发布国防科技相关的中长期战略规划或政策文件，提出本部门科技管理政策措施，反映了美军科技发展的重要方向和改革举措，其中，海军最为典型。2016 年 1 月，美国海军作战部长发布《保持海上优势的计划》，在战略环境分析的基础上，规划出美国海军未来建设的重点和方向，要求深化海军研究机构与私立实验室的对话与合作，全面提高海军研究实验室及研究开发中心的核心科技竞争力。9 月，海军发布《水下战科技战略 2016》和配套的《水下战科技目标》，提出了水下战科技发展战略构想，明确提出相关技术目标。10 月，海军制定《未来 30 年长期研究与发展规划》，明确海军长远科技工作的核心原则和方向重点，重点推进自主系统、材料、制造、技术、电磁、海战六个领域技术发展，并提出海军科技创新发展的政策措施。陆军制定了《陆军研究实验室研究管理和领导战略》，构建了陆军科技投资的基本框架，明确了陆军研究实验室的长期科学发展规划和政策措施等。

（二）俄罗斯

2016 年，俄罗斯在经济振兴和北约东扩双重压力下高度重视国防科技与工业发展，努力追赶世界科技发展潮流，出台相关发展战略与规划计划，明确了国防科技发展的重点领域与方向，从顶层指导国防科技工作的开展。

一是出台俄罗斯联邦科技发展战略。2016 年 12 月，俄罗斯总统普京向联邦会议发表年度国情咨文时称，已批准俄罗斯新版《俄罗斯联邦科技发展战略》。该战略明确了俄罗斯科技长远发展战略和方向重点，并确定了科技优先发展的方向，包括数字化生产技术、新材料、大数据处理系统、计算机教学和人工智能、新能源、医学模拟技术等。

二是出台航天和国防工业计划。2016 年 3 月 17 日，俄罗斯政府公告表示，政府批准了《2016—2025 年联邦航天计划》，涉及增加俄罗斯通信卫星的数量，为新的空间科学活动提供资金支持；进一步发展通信、电视与无线电广播卫星群，以确保信息独立性；在未来 10 年开展大量无人与载人航天项目，满足俄罗斯空间探索计划的需求；继续参与国际空间站项目，以在较长时间内使用国际空间站；将于 2023 年使用在建的东方港航天发射中心执行载人航天飞行任务。5 月 30 日，俄罗斯总理表示，已批准《2016—2020 年俄罗斯国防工业综合体发展规划》，该规划谋划了国防工业创新发展与提升竞争力的举措与实施方案。

三是推动部署《国家技术创新计划》。2016 年 10 月 27 日，俄罗斯联邦召开首届"俄罗斯工业 4.0——超前发展"会议，来自俄罗斯国家杜马、工贸部、经济发展部、俄罗斯直升机公司等 40 多个政府机构和大型集团的 200 余位代表出席。会议主要议题包括"产业集群和科技园区是国防工业系统企业迈向新工业模式的先进工具""为实施《国家技术创新计划》建立一体化支持机制""围绕产业群形成燃料能源综合系统"等。会议指出，俄罗斯工业 4.0 将围绕《国家技术创新计划》展开，俄罗斯应建立全球价值产业链，实现技术的跨越式发展。俄罗斯将以《国家技术创新计划》的实施为核心，充分利用产业集群和科技园区，在实施科技创新、保证自身技术优势的同时，增加工业企业的国际合作机会，吸收国外先进经验，实现进口替代和全球技术领先，促使俄罗斯在未来国际高科技市场占据主导地位。

（三）英国

2016 年，英国在脱欧背景下积极借助全球创新发展趋势，推动经济尽快复兴，谋求国家安全，以重塑世界大国地位。英国国防部在国家战略指导下，于 9 月 16 日发布《国防创新纲要：通过创新取得优势》战略文件，明确英国国防创新的基本原则与政策措施，对英国国防科技创新发展具有纲领性指导作用。

国防创新纲要提出了五项创新原则：

一是将创新全面融入英国国防部的机构、人力、程序及文化中。既要创新思考方式和解决问题的方式，也要创新发展能力的方式，加强军事概念、新兴技术和能力发展的紧密结合。

二是营造创新文化。激励并奖励创新行为，让企业愿意为创新承担风险。

三是建立开放式创新生态系统。与来自其他政府部门、工业界、学术界、盟友及合作伙伴的创新机构建立高效、多产的伙伴关系。

四是促进科技成果转化应用。使有应用前景的创新概念尽快以经济可承受的方式转化为解决方案。

五是强化战略指导。为负责实现创新的国防部相关部门提供清晰的战略指导。

国防创新纲要提出了国防科技创新政策措施：

一是掌握全球创新态势。了解当前国防创新的环境以及国防创新面对的一系列挑战，并明确创新发展的重点方向，包括提高兵力投送能力应对复杂敌对环境、发展非传统新手段应对强敌、掌握关键情报做出科学决策、灵活适应未来战略环境的变化并快速应对等。

二是坚持开放合作。广泛征集、吸收创新思想，并确定研发投入的优先级，坚持国防科技创新发展的开放性和国际性，加强与国际盟友尤其是美国的合作。

三是明确创新重点方向。致力于发展"颠覆性能力"，包括降低英国对高成本、复杂弹药依赖度的未来武器系统，发展应对复杂环境的新型自主系统等。

四是确定创新解决方案。设立 8 亿英镑的"国防创新基金"，支持未来10 年对创新解决方案开发、对通过开放竞争程序选出的国防创新概念进行投资；创建"国防与安全加速器"的创新中枢机构，建立管理网络，注重从传统国防供应商之外的环境寻求解决方案，加快创新思想从概念到应用的进程；营造"创新生态系统"，为国防用户及供应商提供一个甄别、培养及验证新想法和解决方案的环境。

（四）澳大利亚

2016 年，澳大利亚继续积极维护自身在国际安全局势中的独特地位，国防部发布国防白皮书和陆战领域国防科技规划文件，阐述了国防现代化需要发展的科技能力，要求建立军方与工业部门的伙伴关系，加强与英国、美国的国防科技合作，不断提升国防科技创新能力。

一是发布新版国防白皮书。2016 年 2 月 25 日，澳大利亚国防部发布《2016 年国防白皮书》，评估了 2035 年前所面临的安全挑战及需要发展的应对能力，提出了发展相关能力所需的政策措施，要求在国际上加强与盟友国家的合作，在国内强化军方与国防工业部门伙伴关系的建立，简化工作程序，在军方需求与工业部门供给之间建立更好的联系。

二是发布陆战领域国防科技规划文件。2016 年 9 月 5 日，澳大利亚国防部发布《塑造陆战领域国防科技 2016—2036》文件，明确地阐述了实施现代化战略所需要的科技能力，并关注当前的科技发展需求。该文件还确定了陆军优先发展的科技领域，例如：适应机动、网络化地面作战需要，发展数字化部队相关技术等；在情报领域进一步加强与技术领先国家的合作，提高关键领域的技术水平。

（五）日本

2016 年，日本在美、印等国拉拢下，积极介入亚太及全球安全局势，同时，不断在军国化道路上采取实质性步伐，作为主管国防事务的防卫省高度重视国防科技发展工作，出台系列规划计划和政策文件，坚持自主发展和同盟合作相结合，大力加强防卫技术创新发展。

一是发布新版防卫白皮书。2016 年 8 月 2 日，日本防卫省发布《日本 2016 防务白皮书》，在形势分析基础上，从项目管理、技术优势、合作等方面提出了日本国防领域的重要任务和政策措施。在国防项目管理方面，采取大宗采购、签订长期合同等政策措施，提高项目管理效率，降低采办成本。在保证技术优势方面，继续重视开展集成军民两用技术的装备研发，促进各类机构更加广泛地参与国防技术研发。在国防装备与技术合作方面，通过多项倡议促进日本工业部门参与国际制造流程，建立通用维护基地。日本通过防务白皮书强化国防技术发展工作，鼓励全社会力量参与国防科技工作，提高国防科技创新能力。

二是发布国防科技战略规划文件。2016 年 3 月 25 日，日本防卫省发布第二份《安全保障技术研发推进制度》文件（2015 年 7 月首次发布此同名文件），资助防卫省外的研究机构和人员开展有较大军事应用潜力、独创性和颠覆性的基础技术研究，重点支持提升现役装备性能的技术、有助于研发新概念武器的创新性技术、热点前沿技术的军事应用。2016 年 8 月 31 日，日本防卫省发布《防卫技术战略》和《2016 年防卫技术中长期展望》，提出日本国防科技发展战略构想，明确了日本未来 20 年的技术发展重点和 4 个具体方向，旨在引导日本防务科研部门发展"改变游戏规则"的前沿技术，确保日本防务领域的技术优势，重点发展储能技术、太赫兹技术等基础前沿技术。此外，提出了国防科技系列政策措施：加强军事技术情报预警，培育和挖掘具有军用前景的先进民用技术，制定关键领域中长期研发目标，强化国内国际合作交流，灵活运用国防知识产权，持续加强核心科技人才培养。

三是发布重点领域发展构想。针对未来战争需求，防卫省发布《无人装备研究开发构想》，该构想聚焦于无人飞行器技术，明确了未来技术发展方向、需要开展的工作、研发成果的应用等，提出要以推动无人机成为未来 15～20 年主要防卫装备为目标，围绕机身、动力、自主、人工智能、指挥系统及通信、传感器、电子战等技术开展研究。

二、调整优化国防科技创新管理体制，不断提高管理效能

2016 年，为应对全球高科技快速发展与激烈竞争态势，提高国防科技组织管理效能，世界主要国家和地区国防科技管理部门调整优化内部管理体制，加快建立机制灵活、反应迅速的新型科技创新管理与实施机构，持续推动国防科技创新发展。

（一）美国出台多项体制改革举措，强力推动国防科技创新

2016 年，为进一步推动国防科技创新，有效应对来自战略对手的严峻挑战，美国在国防科技管理体制方面进行了一系列改革，不断提升国防科技管理机构的层级，并设立了多个国防科技管理与咨询机构，提高管理的针对性与有效性。

一是立法要求国防部设立研究与工程副部长，提升国防科技管理部门层级。2016 年 12 月 23 日，美国国会审议通过了《2017 财年国防授权法》（以下简称《授权法》），并经总统签署后正式生效，要求国防部拆分负责采办、技术与后勤的副国防部长职能，分设负责研究与工程的副国防部长和负责采办与保障的副国防部长，新体制将于 2018 年 2 月 1 日正式运行。这将是自冷战结束以来，美军在国防科技与装备建设管理领域最为重大的一次改革，体现了美军对国防科技创新的重视上升到了新的高度。

授权法对研究与工程副国防部长及采办与保障副国防部长的职责进行了明确规范。负责研究与工程的副国防部长在国防部长的领导下，主要履行以下职责：①担任国防部首席技术官，负责推动技术的创新发展与进步；②负责制定国防研究与工程、技术开发、技术转移、样机、实验、研制试验鉴定等方面的政策并监督落实，统筹分配国防研究与工程领域的资金，并整合国防部范围的研究与工程资源使其发挥最大效益；③在国防部研究、工程、技术开发等方面的活动与计划方面，担任国防部长的首席参谋助理，向其提供该领域的决策建议。《授权法》规定，负责研究与工程的副国防部长在职级上仅次于国防部长和常务副国防部长，在国防部长办公厅的官员排序中位居第三位。负责采办与保障的副国防部长在国防部长的领导下，主要履行以下职责：①担任国防部首席采办与保障官，负责及时、经济、高效地为美军提供相应的装备与物资；②制定国防采办（包括系统设计、

11

开发、生产和采购）与保障（包括后勤、维修与装备战备）领域的政策，并监督实施；③制定攸关国家安全的国防工业基础与材料、合同管理方面的政策；④担任国防采办执行官和国防部长在采办与保障方面的首席参谋助理，向其提供该领域的决策建议；⑤监督核力量现代化建设以及应对大规模杀伤性武器的能力建设，担任核武器委员会主席，并兼任国家指挥控制通信系统监督委员会主席；⑥领导和监管各军种与业务局开展国防采办项目的实施；⑦监管国防部长办公厅内与采办和保障相关的军职及文职人员。《授权法》规定，负责采办与保障的副国防部长排在国防部长、常务副国防部长、研究与工程副国防部长之后，在国防部长办公厅的官员排序中位居第四位。

二是国防部成立国防创新咨询委员会和分委会，开展科技创新决策咨询与科技评估。2016 年 3 月 2 日，美国国防部宣布成立国防创新咨询委员会，阿尔法贝特公司（谷歌母公司）执行总裁埃里克·施密特担任委员会主席，成员由具有成功领导大企业或公共组织经验、擅于接纳新技术概念的研发和管理精英组成。其主要任务是为国防部提供关于创新和实现创新方法的独立建议，应对未来组织和文化挑战，具体包括项目管理流程和方法简化、原型机快速制造、迭代产品研发、商业决策中的复杂数据应用、移动设备与云计算的应用，以及组织内的信息共享等。2016 年 8 月 4 日，美国国防部常务副部长要求国防创新咨询委员会成立分委会，聚焦美军的科学技术"生态系统"并为国防科技创新提出建议。分委会的主要任务是：评估国防部承担基础研究、应用研究、技术试验及其他科技研究相关职能，分析创新在其中所起的作用；评估国防部科技生态系统，并评估研发机构的作用，明确国防部科技生态系统、科技研发部门和最终用户的关系；评估美军科技部门与政府其他部门、学术界和私营部门科技人员的合作情况，评估美国国防部战略、政策、体制机制、投资和合作能力等情况；评估美国国防部的科学研究战略，并确定科学研究战略与国防部创新活动的关系；评估国防部如何将科学研究应用于业务流程、国防采办、战场和作战中；确定有关国防部资助研究项目决策的管理模式，并就改进决策过程提出建议。

三是建立国防部深度参与的先进制造业创新中心，提升国防相关领域国家制造水平。2016 年 4 月 1 日，美国国防部长阿什顿·卡特在麻省理工学院宣布成立高科技织物制造业创新研究所，这是美国国家制造创新网络（NNMI）的重要组成部分，旨在研发高科技纤维及纺织品，最终能储存电池电量、先进计算机电路及健康感应器等。该中心由麻省理工学院组织成立的美国先进功能面料联盟（AFFOA）牵头组建，与国防部深度合作，确保美国在革命性纤维与纺织品制造方面处于全球领先地位。该联盟由 89 家大学、制造商及非营利机构组成，包括耐克、新百伦、博士、英特尔、杜邦，以及一系列其他能源与材料技术企业。相关协议由美国陆军合同司令部新泽西新兴技术合同中心管理。2016 年 7 月 27 日，美国副总统拜登宣布成立集成光子学制造创新机构（IPIMI）。作为国家制造创新网络中的一员，该机构由纽约州立大学研究基金会领导，接受美国国防部制造技术办公室监管。集成光子学制造创新机构由 124 家企业、非盈利组织和大学等成员组成，其中 75 家是关键合作伙伴，包括波音、洛克希德·马丁、诺斯罗普·格鲁曼、雷声、英特尔、IBM 公司等。该机构的主要任务是促使美国形成一个端到端的集成光子学生态系统。2016 年 8 月 29 日，美国国防部长阿什顿·卡特宣布与柔性技术联盟在硅谷联合建立一个国家制造业创新研究所，以推进柔性电子制造技术在国防领域的创新应用。柔性技术联盟由 96 家公司、41 所大学、14 个州和地方政府组织、11 家实验室及非营利性机构组成，囊括了美国主要的电子及半导体公司（如应用材料公司、苹果公司、联合技术公司等）、终端用户公司（如波音、通用汽车公司等）以及斯坦福、哈佛、麻省理工等大学的研究机构。联盟的主要任务是，关注柔性混合电子制造领域的前沿研究，确保美国在下一代可弯曲、可穿戴电子器件制造业中居于领先地位。

四是国防部增设国防科技创新试验小组地区办公室，加速民用高科技成果转化应用到国防领域。国防创新试验小组是美国国防部于 2015 年特别设立的主要专注于商业前沿科技成果引入的组织机构，当年在美国高科技集中区硅谷设立首个办公室，2016 年 7 月在波士顿设立第二个办公室。2016 年 9 月 14 日，美国国防部宣布在得克萨斯州奥斯汀建立第三个国防创新试验小组办公室。国防创新试验小组的主要任务是加强国防部与商业界的合作，寻求技术创新的突破点和潜在机遇，并对相关技术与企业进行风险投资。国防部希望通过该小组，进一步积累投资与管理私营高科技公司的经验，推动信息技术背景下国防科技管理制度的创新与完善。

五是各军种设立各类科技创新促进机构，加速国防科技成果转化应用。2016 年 2 月，海军成立加速能力办公室，办公室由快速作战能力需求、科技、采办、舰队及法律等方面人员组成，主要任务是采用快速采办程序，将原型机快速投入作战舰队开展作战试验，促进科技成果快速转化应用。3 月 10 日，美国海军水面作战中心成立颠覆性技术实验室，主要负责提出创意和解决方案，并将其从概念变成现实，加速创新技术研发。4 月，陆军研究实验室发布信息，借鉴国防创新试验小组经验，建立陆军研究实验室西部办公室，加强陆军研究实验室与西部高校、高新技术创业公司在仿真与训练、电子技术、信息科学、智能系统、人—系统交互等方面的科技研发合作，促进西部地区民用高新技术转化应用到陆军科技和国防领域。9 月，陆军组建快速能力办公室，旨在采用快速部署的研发程序，促进陆军科技成果快速转化应用为战斗力。11 月，美国陆军研究实验室与德克萨斯大学和其他相关大学合作，成立陆军研究实验室南部办公室，与区域合作伙伴组建研究团队，推进增材制造、能源和电力、生物科学、人工智能系统和网络科学等领域科技研究，加速技术成熟化进程，为陆军获得关键领域的技术提供支撑。

总之，美国国防部和军种分别组建国防科技创新相关组织机构，更加开放地利用各地区民用高新技术资源和科技力量，推动国防科技创新发展，并加速国防科技成果的转化应用，更好地发挥国防科技对国防和军队建设的技术支撑作用。

（二）我国台湾成立类 DARPA 机构，谋划加快创新性军事技术发展

2016 年 10 月 11 日，台湾"国防部"发布消息，拟效仿美国国防高级研究计划局，于 2017 年 1 月成立台版 DARPA——"国防科技处"。台湾"国防部"指出，建立"国防科技处"是提高"国防自主"能力的重要举措，岛内目前具备技术、设备、人才、资金基础，拥有导弹、战机、舰艇、雷达研制经验，产业和学术实力较强，成立"国防科技处"，有助于充分利用民间科技力量，发展颠覆式创新技术与不对称作战能力，实现"国防科技"产业化。

机构设置方面，"国防科技处"将在"资源规划司"下属的"科技企划处"基础上组建。未来台湾"国防部"将根据"国防科技处"运行情况决定是否在 2018 年将其提升为"国防部"直属的"国防科技室"。人员选聘方面，"国防科技处"处长将从台湾高校或"科技部"人选中选任，副主官为军职，职级为少将，"国防科技处"将大力引进民间人才，从业界寻找项目经理人，3 年一聘。预算方面，"国防科技处"预算初步规划新台币 30

亿元（约合 6 亿元人民币，2017 年台"国防预算"为 3004.6 亿元新台币），全力推动潜舰科技等自行研发，发展颠覆式创新技术与不对称作战能力，加速"国防科技"产业化。

（三）英国加强国防科技创新机构建设，寻求通过创新获取优势

2016 年，英国国防部持续推进国防科技创新，发布《国防创新纲要：通过创新取得优势》政策文件，着力加强国防科技创新机构建设，谋求形成英国未来军事技术优势。

一是组建创新与研究洞察小组，提供国防科技创新决策建议。创新与研究洞察小组是英国国防部一个技术与创新分析部门，主要负责收集其他政府部门、学术界、工业界及关键盟友的科技创新情况，详细了解外部科技创新进程，并将其和英国最紧迫的国防、国家安全挑战相结合，从而甄别出新兴技术及创新带来的威胁与机遇，向高层决策者提出战略与投资优先事项方面的建议。

二是创建国防与安全加速器，汇集融合创新要素加速创新进程。国防与安全加速器是英国国防科技创新的重要中枢机构之一，通过建立管理网络，利用合作研究所及创新中心的知识、设施及技术，加快创新想法从概念构想到应用交付的进程。国防与安全加速器将建立创新生态系统，为国防用户及供应商在物理及虚拟协作空间提供合作机会，成为利益相关者甄别、实验、培养及验证新想法和解决方案的一个安全环境。

三是呼吁组建类似美国国防高级研究计划局的机构。2016 年，执政的英国保守党成员还呼吁英国政府借鉴美国国防高技术管理经验，重建国防评估与研究局，组建类似美国国防高级研究计划局的机构，提高国防科技投资效益，将纳税人的钱更多地花在高新技术研发上。这一构想受到英国政府部门关注，相关建议有望被进一步采纳。

三、举办多样化创新活动，激发全社会国防科技创新活力

为适应全球新兴技术快速发展的趋势，塑造和培育军事科技竞争优势，世界主要国家国防部门积极通过扩大参与范围、组织挑战赛、举办主题活动等多种科技创新活动和手段，吸收全社会高新科技研发思想和资源，汇聚先进民用技术成果，为国防科技创新发展提供源泉和支撑。美国作为世界科技强国和军事大国，在这一方面尤为典型。

（一）采用提议日、开放日等活动，广泛吸引各方参与

为促进军地双方信息沟通交流，美国国防部经常采用提议日、工业日、开放日等方式，扩大国防科技活动公开竞争范围，广泛吸引各类创新主体参与国防科技竞争。美国国防高级研究计划局是利用提议日、开放日等活动广纳众智的典型机构，在这些活动中，不仅有该局工作人员发布需求，还有相互之间较为深入的交流讨论。例如，2016 年 6 月 22 日，国防科学办公室举办提议日，并发布广泛机构公告（BAA），向全社会寻求先进数学建模工具、物理系统、尖端实验、人机系统、社会系统等领域的基础研究、应用研究创新概念，以及相关新方法、新工具等。2016 年 9 月 20 日，微系统技术办公室举办提议日，向全社会寻求控制和开发电磁频谱、创建下一代传感器、提供可靠的全球化电子供应链等专业领域的创新思路和解决方案，不仅介绍业务需求，而且让参观者熟悉微系统技术办公室的任务和未来研究方向，增进了解和沟通交流。

（二）组织各类挑战赛，广泛吸收新技术方案

为调动全社会创新资源，激发全社会，特别是年轻人的创新潜力，选拔最优秀的创意和方案，美国国防部相关机构举办了多种多样的挑战赛，

这些创新竞赛活动在推动国防科技创新方面发挥了显著作用。近年来，美国国防高级研究计划局曾先后举办"无人车辆""频谱协同""机器人"等多个系列挑战赛，直接推动了其相关领域的创新发展。2016年，美国国防高级研究计划局举办"网络大挑战"，历史性地验证了自动修补漏洞防御网络攻击的相关技术，使网络防御自动化实现重大突破。各军种也积极效仿美国国防高级研究计划局的成功做法。2016年7月，由海军研究办公室与无人系统国际基金协会联合赞助，在弗吉尼亚举行年度机器人舰艇（RoboBoat）竞赛，检验无人舰艇避开水面障碍、靠泊、声束定位、发射、回收、水下通信等能力。最终，佐治亚理工学院获得第一名，奖金10000美元。此次挑战赛在推动海军研究办公室无人作战系统发展的同时，极大激发了年轻学生的创新热情。2016年8月，陆军采办执行办公室、网络司令部、第2集团军以及训练与条令司令部联合举办网络创新挑战赛，探索多项先进网络技术的可行性，整合攻击、感知与预警、事件响应、处理、分析、报告等流程，取得很好效果。

（三）加强信息共享交流，汇聚启发创新思想

举办各类研讨交流活动，在信息共享交流中碰撞新思想，是美国促进创新的重要手段。2016年，从白宫、国防部到各类智库，相关机构围绕与国防应用有关的技术领域，举办了大量交流研讨活动，广泛吸收社会各界的新思想、新见解。2016年8月，美国白宫科技政策办公室与国际无人系统协会（AUVSI）联合主办首届"无人机与未来航空研讨会"，召集150位无人系统领域的行业精英，涵盖商业人士、专业学者、业余爱好者和政策制定者等，对无人系统行业的未来走向以及特定领域发展进行了讨论。国防部有关部门也组织多项大型交流讨论活动。2016年8月，陆军训练与条令司令部联合乔治城大学安全研究中心，共同举办了"疯狂科学家"会议，旨在推动陆军各部门、工业部门和学术界能以不同方式思考未来，本次会议主要聚焦于创新成果转化、高度协作、战车先进防护能力等应对未来安全环境所需的能力。此外，与国防相关的协会组织也召开创新会议建言献策。如陆军协会举办了题为"多域作战：确保联合部队在未来的行动自由"的论坛年会，探讨了陆军的"多域作战"概念，让陆军向传统陆地以外的空中、海洋、太空和网络空间等领域拓展能力。海军联盟举办了"海空天博览会"，聚集军内外国防科技研发机构，相互交流最先进的海上信息及技术。

（四）举办主题演示活动，展示科技创新成果

为使全社会深入了解国防领域需求，便利开展科技创新交流合作，国防部等相关机构通过多种形式展示国防科技发展情况和创新成果。2016 年 5 月，美国国防高级研究计划局举办"2016 演示日"活动，展示了航空、生物学、反恐、网络、地面战、海洋、微系统、航天、频谱以及潜在颠覆性技术等领域的 78 个处于不同成熟性阶段的项目，使外界充分了解美军实验室当前的研究重点和技术需求，为美国社会各界参与国防科学研究提供机会。2016 年 6 月，美国航空航天局（NASA）举办了"改变游戏规则技术"行业日活动，旨在明确 NASA 未来重大创新技术与能力的投资方向，向外界公布了 NASA 未来大力投资的下一代生命保障技术、人机系统、机器人卫星服务技术、一体化显示与环境感知系统等 11 项重大创新技术。此外，英国相关科研机构也开展了类似活动，积极寻求社会力量参与国防科研活动。2016 年 4 月，英国国防科技实验室（DSTL）下属机构——国防企业中心（CDE）在伦敦英国皇家学会举办"卖场"活动，目的是向英国社会各界的潜在投资者展示英国国防部资助的部分创新项目，以实现需求对接，为项目进一步开发引入后续资金。

在新兴技术加速发展和科技全球化的大趋势下，2016 年世界各国更加注重国防科技领域的合作交流，开展全球性国防科技创新活动，以更快、更省地获取优势技术，提升本国国防科技创新能力。美国与印度签署合作协议，加强先进国防技术合作，包括深化航空母舰设计、作战以及喷气发动机技术的交流合作，加强信息交流，增强专门用于航空母舰的数据和信息共享。2016 年 3 月，法国和英国签署协议，将投入超过 20 亿欧元用于研制下一代战斗无人机，该试验项目基于多任务无人机平台，将为 2030 年以后的未来作战能力奠定基础。美国与澳大利亚、加拿大、新西兰、英国之间通过既有的"军事研发谅解备忘录"，积极开展网络空间安全领域的国际科技合作。

四、完善技术转移体制机制，促进国防科技成果转化应用

为解决国防科技与国防采办之间脱节的"死亡之谷"问题，最大限度地发挥国防科技成果的应用效益，美国、英国等国家高度重视技术转化应用，设立专门的技术转移办公室，继续实施各类技术转移计划，采用各种技术转移手段，推动国防科技成果快速转化应用。

（一）健全各类技术转移机构，负责科技成果转化应用

美国、英国等国家均设有各类技术转移机构。美国国防部研究与工程助理国防部长下设的新兴能力与样机助理国防部长帮办，下设快速反应技术办公室、比较技术办公室和联合能力技术演示验证办公室，负责全军技术转移工作，特别注重推动一些成熟技术转化为作战应用。陆军和空军设有技术转移办公室，海军设有商业化技术转移办公室，负责本军种的技术转移工作。各军内科研机构设有研究与技术应用办公室，负责本机构研究

成果评价、专利申请与管理、技术应用支持等，促进本单位技术成果的转化应用。英国国防部设有技术转移局，促进科技成果转化应用。

（二）继续实施各类技术转移计划，推动科技成果转化应用

2016 年，美国国防部继续实施联合能力技术演示验证、技术转移倡议、制造技术计划、国防采办挑战计划、新兴能力技术演示计划等多种技术转移计划，对技术成熟的国防科技成果开展技术演示验证，降低其技术风险，重点加速空间弹性能力、自主系统、电磁频谱、非对称兵力应用等领域科技成果向装备采办各阶段转化应用。此外，继续实施国外比较技术计划，从全球范围吸收相对成熟的国防和民用技术，通过技术演示验证，以较低成本促进国外技术快速转化为美军作战能力。

（三）通过网络信息交流平台，加快科技成果双向转化

美国国防部在整合多个信息发布平台的基础上，建立了"国防创新市场"门户网站，汇集"快速创新基金""工业基础创新基金""小企业商机""技术转移项目""独立研究开发基金"、国防部各部门和军种国防科技信息，向全世界公开发布国防科技信息，并提供了企业"民向军"的自荐渠道。2016 年，"国防创新市场"网站发布了美国特种作战司令部、中央司令部等作战部门对国防科技的需求信息，发布 9472 条陆军科技需求信息、7196 条海军科技需求信息、7628 条空军科技需求信息，并收集了 1 万多条企业独立研究开发项目信息，加强了供需双方科技信息交流，促进军民技术成果双向转化。

五、加强评估监督与过程管控，提高国防科技管理水平

美国等国家建立了多层次的评估监督机制，在国防科技管理方面，不仅要开展军队内部较为详细的评估工作，而且要接受军队外部的更为专业、独立的评估监督。2016 年，主要国家普遍根据国情军情，对国防科技发展重点领域和重要项目进行了较为有效的评估监督，为国防科技政策制定和决策支持提供了技术支撑。

（一）军队内部组织开展国防科技评估

美国国防部和三军种都设有国防科学委员会等咨询组织，这些组织的一项重要职能是开展评估监督工作。国防部国防科学委员会受负责采办、技术与后勤的副部长委托，围绕自主技术对国防部任务的适用性开展评估研究，形成了一份评估报告，为国防部发展自主技术提供了重要参考。2016 年 4 月，空军科学顾问委员会完成定向能武器成熟性研究报告，评估在一种机载平台上部署一部激光主动拒止系统及一部激光武器的方案，评估了激光器当前可用的攻防混合能力、激光器的波长对该混合能力的影响。2016 年 7 月，陆军科学委员会着手评审陆军 2016 年五项研究成果，包括对两项机密的研究成果进行评审，其中"未来装甲/反装甲竞争"项目评估对当前和未来对抗装甲车辆的反装甲武器提供独立的建议。2016 年 11 月，美国空军科学顾问委员会独立开展美国空军下一代战斗机研究工作，负责确定和审查下一代战斗机的核心技术，包括传感器、对抗措施、武器和低可探测性能力。

英国国防部针对大型科研项目专门成立了大型项目评估委员会（MPRB），负责对英国国防部管理的 50 个重大项目进行评估检查，委员会有权质询相关项目负责人，并要求说明项目执行效率和相关问题。如果相关项目在检查后执行效率依旧低下，则将在每季度发布的"应关注项目"清单中被通报，如果项目执行效率得到改进，则将从清单中移除。

（二）军队外部机构开展专业化评估监督

美国国会政府问责局、技术评价办公室、国会研究服务中心等机构，从不同角度开展国防科技项目评估监督活动，对项目进度、经费使用、技术创新、知识产权、组织管理等进行专业化评估，发布各类评估报告，提出具有较强可操作性的改进建议，不仅为提高科研机构绩效水平发挥了重要作用，而且为国防科技管理部门的相关决策提供了参考和依据。

开展第三方专家组织和智库独立评估也是外部评估的重要形式。美国国家科学院国家研究理事会、国家科学院空军研究委员会、国防分析研究所、兰德公司等第三方机构或智库经常接受国会和国防部等部门的委托，对国防科技项目开展独立评估。2016 年 8 月，美国国家科学院国家研究理事会发布题为《国家安全空间防御与防护》评估报告，评估当前和未来空间防御与防护计划的架构、作战人员需求、技术发展、人才队伍或其他与解决威胁相关的因素，提出架构、能力和行动方案建议。2016 年 11 月，国家科学院空军研究委员会受空军负责科学、技术与工程的助理部长委托，对高速武器威胁进行评估，发布了《美国全球警戒、全球到达和全球力量面临的威胁：高速机动武器》报告，报告称美国很难应对中、俄未来高超声速导弹攻击，在研发防御性和进攻性高速机动武器（HSMW）的技术竞赛中处于落后地位，建议美国政府着力研发进攻性和防御性措施以应对高速机动武器，建立正式的战略作战概念并加强组织领导和协调。

六、加强科技人力资源建设，提升科技人员创新活力

国防科技人力资源是国防科技创新发展的基石，历来受到各国高度重视。在 2016 年世界国防科技发展版图中，国防科技人力资源为国防科技创

新及改革调整提供了重要保障。考虑到美国国防科技创新的典型性，这一部分主要介绍美国相关情况。美国国防科技创新体系的一个长期优势就是科技人才优势，散布在军内外科研机构、大学、企业的高水平科技人才数十年来创造了无数尖端军事技术，直接推动了国防科技创新发展。2016年，针对美国国防科技人员面临的尖端人才不足、激励不足、创新乏力等问题和挑战，美国国防部启动了25年来最深入的人事制度改革，进一步强化国防科技人员职业化建设，出台了人才招募、人才管理和人才保留等政策措施，促进优秀人才跨部门流动，加大科技人才激励，不断提升国防科技人才创新活力。

（一）采取多种手段广纳优秀科技人才

美军以开阔的视野，积极广纳各领域优秀科技人才，从全社会招募优秀科技人才，超前谋划和储备尖端科技人才，畅通科技人才流动渠道，从源头上保证国防科技人才队伍的创新活力。

1. 从全社会招募优秀人才

在2016年美国国防部人事制度改革措施中，人才招募是重要措施之一。针对优秀科技人才的具体措施主要包括：由新增设的首席招募官从私营部门招募优秀的管理人才，协助管理重要项目和相关领域工作；增加大学生到五角大楼的实习机会，简化转为全职雇员的程序；国防部设立人才发展中心，成立文职人力资源创新实验室；各军种设立人才管理卓越中心；试行职业间歇计划，允许军人在服役期间中断服役三年，开展个人求学深造事务等，提高国防科技管理专业和综合能力。此外，通过"直接聘用授权"（DHA）机制聘用关键技术领域人才。美国陆军积极采用"直接聘用授权"机制，吸引、培训和留任最优秀的工程师和科学家，过去两年，"直接聘用授权"使美国陆军研究实验室在神经系统科学、电子学、计算机科学、材料和航空工程等关键领域聘用了 256 名联邦职员，还聘用了物理学家、生物学家、化学家、数学家和社会科学家。

2. 超前谋划和储备人才

科学、技术、工程和数学（STEM）计划是美国为保持科技优势在各级学校部署实施的一项长期计划，目的是通过科学、技术、工程和数学计划培养新一代科技人员。美国陆军研究实验室通过实施科学、技术、工程和数学计划，开展了从幼儿园到大学的人员培养拓展计划（Outreach Initiatives），开展"小太阳冲刺""数学和科学教育的收益""电子网络任务"和"青少年科学与人文科学研讨会"等计划及活动，以最大限度地激励全美青年人从小爱好和投身于国防科技工作。为增加网络作战尖端人才储备，美军自 2014 年起，通过各军种及国防大学 ICOLLEGE 项目来培养网络人才，到 2017 年将培养约 4000 多名网络专家。

3. 畅通人才流动渠道

美国国防部启动"企业家进驻试验计划"（EIRPP），向包括国防研究管理部门在内的国防部相关机构安排知名企业家，每个机构最多 3 名，目的是利用其知识经验、社会资源、创造力和风险意识，协助解决国防部大型、复杂、官僚化机构面临的重大难题和挑战，提高美军创新活力。继续实施"国防部管理人员见习计划"，安排美军人员到微软、亚马逊、Space X 等知名企业以及地方政府工作，人数为 50 名，时间 2 年。美国陆军实施"开放校园计划"，研究实验室科技人员在其设施中与来自学术界、政府和工业部门的科技人员共同开展研发工作，并要求 10%～15% 实验室科技人员到外面科研单位轮换研究，加强跨单位科技人员的合作与交流。

（二）为科技人员搭建协同创新活动平台

美国陆军研究实验室正在尝试新的运作模式，打造新的生态系统，即开放式实验室（OPEN CAMPUS），具体采取三个措施：一是实施现代化人力管理政策；二是与合作伙伴共享科研设施；三是培养创业和创新文化。所有参与的科学家和工程技术人员相互协作开展研究，以灵活有效的科研合作模式和文化，带动人员不断流动和创新思想不断涌现。2016年达成开放式实验室合作协议的单位数量由60个激增至180个，正在谈判中的单位数量超过170个。

美国海军为加强科技创新效率，设立了创新办公室，负责提高、促进和开发海军部创新型科学技术程序和政策，设创新总监和副总监各1名，主要负责评估科技创新风险，领导建设海军创新网络，提高创新进程。海军还逐步开创"小核心、大外围"科技研发模式，内部设立6个部门，包含多个下属机构和协作机构，在亚洲、欧洲、非洲、美洲等地区设有地区总监，与各地区实验室、大学和国际研究者达成紧密合作关系，为科技人员营造协同创新环境，最大程度提高了科研人才的创新能力。

（三）为科技人才创新活动提供充分经费保障

1. 合理安排国防科技总预算，为科技队伍提供充分保障

美国空军在2017财年申请的科学技术方面的预算为25亿美元，比2016财年高出4.5个百分点，为空军在科技创新方面实现"第三次抵消战略"提供了基础和支撑。海军近年来科研领域预算基本保持稳定状态，各类科技项目投资均衡化，2016财年基础研究为7亿美元，应用研究为10亿美元，先进技术开发为7亿美元，确保有较为充足的经费支持科技人员的创新活动。

2. 通过各类基金和资助项目经费，为优秀青年科技人员提供研究保障

2015年6月，美国国防部宣布将在今后5年的多学科高校研究倡议计划中加大投入力度，授予大学和科研院所22项资助，共资助金额达1.49亿美元，将由 55 个大学和科研院所共同参与，同时注重研究生的培养和教育，鼓励尖端研究。海军设立青年研究者项目（YIP），吸引高校机构研究者开展海军相关研究，选中的选题将获得 3 年以上研究经费，每年最高可申请 17 万美元。此外，美军还设立有国防科学与工程研究生奖学金、大学研究基础设施支援计划、科学与工程研究训练提高奖励（AASERT）计划等，为年轻的优秀科技人才提供经费保障。

（中国国防科技信息中心　张代平　赵超阳　魏俊峰　谢冰峰

王磊　李宇华　齐卓砾　蔡文君　王阳　万礼赞）

重要专题分析

世界主要国家国防科技管理体制改革与发展

国防科技管理体制是一个国家国防科技工作开展的组织形式、职能分工与内在工作关系的总和。国防科技管理体制是否科学、合理，决定着国防科技工作的创新活力及其运行效率与效益。经过长期发展，世界主要国家普遍建立了较为完善的国防科技管理体制。相关国家在国防科技管理体制改革发展过程中，既有其独特经验，也有许多共性做法，对我军国防科技管理体制的进一步优化具有重要参考借鉴价值。

一、第二次世界大战结束至冷战后期，主要国家普遍设立专职的国防科技管理机构

第二次世界大战结束后，世界主要国家普遍建立了国防科技管理的专门性机构，适应了冷战期间军备竞赛与高新技术快速发展的需要。

（一）美国国防部成立之初设立专职的国防科技管理机构，且职级不断上升

美国国会 1947 年出台《国家安全法》，要求组建国家军事部（1949 年

改组为国防部），负责领导各军种包括装备建设在内的各项工作。国家军事部下设四个委员会机构，包括参谋长联席会议、战争委员会、装备委员会、研究与开发委员会。研究与开发委员会主要负责国防科学研究与高技术开发的管理工作。委员会主席由文官担任，核心成员包括来自各军种的 6 名官员（每个军种 2 名）。委员会领导 300 名左右的全职工作人员，其中文职人员约 240 名，军职人员约 60 名。

冷战期间，美国积极推动国防科技管理体制的改革优化，管理机构层级不断提升。艾森豪威尔总统 1953 年上台后立即启动了国防改革，推动国会出台《1953 年国防改组法》，旨在加强国防部对各军种的统管力度。国防部层面的国防科技与装备建设管理职能进一步由多个助理国防部长实施管理，设立了包括负责研究与工程的助理部长、负责应用工程的助理部长、负责供应与后勤的助理部长、负责设施与设备的助理部长等。国防部原研究与开发委员会的职权分解为由负责研究与工程的助理部长和负责应用工程的助理部长承担。上述助理国防部长之间存在一定的制衡关系，难以形成统一的国防科技政策，导致国防部长办公厅难以以一个统一的政策面对各军种，降低了国防部长及相关部门对各军种的权威性与管理的有效性。针对上述问题，美国国会推动出台《1958 年国防改组法》，对国防部组织体系实施重大调整，设立研究与工程署，取代了原有研究与工程助理部长，并将原应用工程助理部长的职权纳入其中。通过改革，国防部对各军种研发工作统管力度达到第二次世界大战以来最强的一个阶段，国防部在研发工作方面实现了一个声音面对各军种。1978 年，研究与工程署的层级进一步上升，调整为负责研究与工程的副国防部长，国防科技管理机构的层级达到历史上最高的时期，体现了美军对研究与开发工作的进一步重视，这种管理格局一直持续到 1986 年。

（二）日本长期设有技术研究本部，负责国防科技工作

日本在国防科技与武器装备方面，长期采取技术研究本部与装备设施本部分散管理的体制。技术研究本部是国防科技的统管机构，负责国防科研与试验鉴定，装备设施本部负责对武器装备采购和军事设施工程实行集中管理。

技术研究本部的前身是 1952 年成立的技术研究与发展中心，1954 年，随着防卫厅的成立，更名为技术研究中心，1958 年调整为技术研究本部。技术研究本部是日本防卫省唯一的科研主管机构，负责对研究、发展、试验与鉴定工作进行集中管理。此外，技术研究本部还负责跟踪技术发展，并确定自卫队应用的民用技术。1954 年，日本设立装备设施本部，负责装备与设施采购工作。

（三）印度采取国防科技与武器装备分散管理体制，并高度重视国防科技管理体系的独立性

印度长期以来采取国防科技与武器装备分散管理的体制，研发和生产分别由国防研究与发展组织（DRDO）和国防生产部负责。

国防研究与发展组织是 1958 年 1 月 1 日将国防科学组织各单位与当时三军种的技术开发机构合并而设立的。国防研究与发展组织拥有 50 多间实验室和研究所，人员超过 3 万人，包括约 7 千多名科学家、1.2 万名技术人员、1.1 万名机关和保障人员，承担了印度军方除航天和核武器以外几乎所有的研发任务。国防生产部最早于 1962 年 11 月成立，负责武器装备的研制生产管理，下设 14 个主要单位，包括 9 个直属企业和 5 个部门。

（四）英国设立国防鉴定与研究局负责国防科技工作

英国高度重视国防科研工作，国防部设立了大量的国防科研机构，包括皇家航空航天研究院、海军研究院、皇家军械研究院、防化研究院、皇家信号与雷达研究院、飞机和武器装备试验研究院、原子武器研究院等。冷战后期，英国国防部将上述科研机构实施整合，设立国防鉴定与研究局，统管国防科技工作，并将试验鉴定管理职能纳入该局统一管理。

二、冷战后期至 21 世纪初，主要国家积极推动国防科技管理机构的整合与精简

冷战后期至 21 世纪初，主要国家积极推进管理体制改革，推动国防科技的整合与精简，以提高国防经费使用效益。

（一）美国整合国防科技与武器装备管理体系，逐步形成采办、技术与后勤副国防部长领导管理体制

20 世纪 80 年代后，随着美国国内反战情绪的高涨以及装备采办领域"拖降涨"问题的凸显，美国政府与国会达成共识，推动了《哥德华特—尼科尔斯法》（即《1986 年国防部改组法》）的立法。根据该法，国防部整合研究与开发及装备管理机构，设立了负责采办的副国防部长，从采办全寿命的角度实施统管，研究与工程副国防部长调整为研究与工程署，纳入该副部长领导。其后，国防部采办副部长经过了两次改名，1993 年改名为负责采办与技术的副部长，1999 年改名为负责采办、技术与后勤的副部长，但从职能来看，都涵盖了研究开发、研制采购、后勤保障的全寿命过程，这一定位延续至今。2011 年，国防部进一步将研究与工程署署长改名为负责研究与工程的助理部长，明确该助理部长担任国防部首席技术官（CTO），继续谋求对其战略对手的非对称技术优势。

（二）英国实施精明采办改革，对国防鉴定与研究局实施私有化改革

20 世纪末，适应冷战结束后国防预算削减等需要，英国积极推动精明

采办改革，其中一项重要内容是对国防鉴定与研究局实施私有化改革，将由其管理的靶场等设施交由魁奈蒂克公司运营，原来由其统管的科研机构2001年重组为国防科学技术研究院。

（三）日本技术研究本部与装备设施本部合并，形成防卫装备厅管理体制

21世纪以来，日本积极推动技术研究本部与装备设施本部等部门的整合，组建防卫装备厅，以提高国防科技与武器装备建设的有机融合，提升国防经费使用效益。防卫装备厅下设6个业务部、4个研究所、4个试验场和1个中心，编制1800人，包括1400文官和400名军职人员，负责国防科技与武器装备的集中统一领导，并对武器装备与军事技术的国际合作与对外军售实施归口管理。

三、2010年至今，多国启动新一轮的国防科技管理体制深化改革

2010年以来，适应高新技术快速更新换代的客观要求以及全面提升国防科技创新能力的现实需要，主要国家进一步重视国防科技工作，深入反思目前体制机制中存在的突出问题，积极启动新一轮的国防科技管理体制深化改革。

（一）美国2010年以来不断探索和深化国防科技管理体制改革，加速推动国防科技创新发展

2012年8月，美国国防部设立战略能力办公室，其主要使命是"应对高端威胁，提供颠覆性能力"，着眼于利用现有武器系统，通过系统集成和概念创新，形成技术突袭与创新突破，快速发展和部署形成新的作战能力。2015年7月，国防部在研究与工程助理国防部长之下设立技术净评估办公室，负责开展国防科学与技术方面的战略评估，发现国防科技管理与创新

方面的问题和不足，并推动改进完善。2015 年 5 月在硅谷设立国防创新试验小组，并于 2016 年进一步设立两个国防创新试验小组，加强军方对民用创新技术的转化应用。2016 年设立国防创新咨询委员会，并酝酿设立国防部首席创新官等，推动国防科技创新发展。

经过上述改革尝试，美国国会及国防部深入评估后认为，这种零敲碎打式的改革不足以全面提升国防科技创新能力，并有效保持对其主要战略对手的技术代差，必须实行系统性的改革。为此，经过 2015 年以来的深化论证，国会 2016 年底通过《2017 财年国防授权法》，要求在目前研究与工程助理国防部长体系的基础上，重新设立研究与工程副国防部长，由其主管国防科技工作，将包括导弹防御局、威胁降低局等在内的共性技术研发机构纳入其统管，全面提升国防科技管理机构的层级。新体制将于 2018 年 2 月 1 日起正式运行。

（二）俄罗斯设立主管科学与高技术的副国防部长，统筹管理国防科技工作

为确保俄罗斯在国防科技领域的优势地位，2012 年 11 月，根据俄罗斯总统指示，俄军在原国防部科学与高技术司、国防部创新管理局、国防部科技管理局等机构的基础上建立了"未来军事研究体系"，并设立主管科学与高技术的副国防部长一职（国防部共设有 10 名副部长），主要负责科学与高技术科研活动、组织高技术计划与科学项目的研究及成果转化、监督国防创新研究领域的国际合作等工作，加速推进俄罗斯国防科技创新发展。

（三）英国加强国防科技创新机构建设，寻求通过创新获取优势

2016 年 9 月，英国国防部持续推进国防科技创新，发布《国防创新纲要：通过创新取得优势》政策文件，着力加强国防科技创新机构建设，谋求形成英国未来军事技术优势。

一是要求国防部创建"创新与研究洞察小组"，这是英国国防部一个技术与创新分析部门，主要负责收集其他政府部门、学术界、工业界及关键盟友的科技创新情况，详细了解外部科技创新进程，并将其和英国最紧迫的国防、国家安全挑战相结合，从而甄别出新兴技术及创新带来的威胁与机遇，向高层决策者提出战略与投资优先事项方面的建议。这些建议旨在阻止战略突袭，使英国在未来仍然维持国防部与国家安全优势。除了提供给国防部内部决策者，这些建议还将提供给外部伙伴，以支持英国政府各领域更广泛的规划与决策制定。

二是创建"国防与安全加速器"，汇集融合创新要素加速创新进程。"国防与安全加速器"是英国国防科技创新的重要中枢机构之一，将通过建立管理网络，利用合作研究所及创新中心的知识、设施及技术，加快创新想法从概念构想到应用交付的进程；该机构将与政府采购机构携手合作，推动创新解决方案实现应用。它所建立的创新生态系统，将为国防用户及供应商在物理及虚拟协作空间提供合作机会，将成为利益相关者甄别、实验、培养及验证新想法和解决方案的一个安全环境。"国防与安全加速器"的成功关键取决于其有效利用两种解决方案的能力，一种解决方案来自于非传统国防与安全供应商，另一种来自于国防部或政府同类部门。

（四）多个国家与地区积极设立类似美国国防高级研究计划局的机构，加速推动国防科技创新

近年来，俄罗斯积极学习借鉴美国国防高级研究计划局的管理经验，并于 2012 年在联邦政府层面组建先期研究基金会。先期研究基金会主要针对未来安全威胁开展前沿技术开发，成立的主要目的是资助高风险的科研，推动可能导致国防科技突破的相关研究，并推动有关科研成果和知识产权的转化应用，加速国防科技、工业、武器装备的创新发展。

2013 年，日本政府仿照美国国防高级研究计划局，设立"革新技术研发推进计划"（ImPACT 计划），以加强研发投资，提升国防高技术创新能力。该计划内容涵盖先进材料技术、超长续航能力的计算机技术、脑信息可视化及控制技术、量子人工脑技术、无人化技术、核处理技术等。日本政府对该计划高度重视，首相安倍在综合科技创新委员会会议上明确指出，该计划是开拓国家未来的关键，是支持高风险、高影响力技术研发的新举措。

2016 年 10 月，我国台湾"军方"称将于 2017 年初仿照美国国防高级研究计划局成立"国防科技处"，负责发展颠覆性与创新性国防高技术，快速提升台湾的军事实力。

综上所述，目前世界主要国家国防科技管理体制主要有两种类型：一是建立了独立的专职管理机构，如俄罗斯、印度等；二是国防科技管理机构纳入装备采办体系实施统一管理，如美国、日本等。国防科技管理体制独立设置与否，取决于国家和军队对国防科技发展的定位与迫切程度。对于国防科技的后发国家或发展中国家，一般采取独立设置的管理体制；对于较为发达的国家，一般是经历了独立设置管理机构的阶段，在国防科技发展到较高水平的阶段，国防科技管理机构往往不再独立设置。而美国要求设立独立的研究与工程副国防部长的最新改革举措，又进一步体现了新时期发达国家对保持和加强国防科技创新能力的重视程度，凸显了国防科技工作的地位与作用。

（中国国防科技信息中心　王磊　万礼赞　赵超阳　张代平）

世界主要国家加强国防科技
计划管理的主要举措

世界主要国家高度重视国防科技规划计划制定工作，普遍建立了国家层面的科技计划部级协调机制，构建了国防科技规划计划管理体系，形成了较为完整的国防科技战略规划文件体系，对各国国防科技的创新发展起到了重要的牵引和促进作用。

一、设立科技发展部级协调机制，加强对科技计划与资源的整体统筹

美国科技发展纳入联邦政府实施整体统筹。联邦政府设有白宫科技顾问，下设科技顾问委员会，就国家科技发展政策、发展战略、规划计划为总统提出建议。美国由总统牵头，设立国家科技委员会，就美国国家科技发展计划进行协调，包括国防部在内的联邦政府各部门领导作为成员参与该委员会工作，围绕国家科技发展目标明确科技发展的优先任务与计划重点，消除科技重复建设与投资问题。美国政府依托白宫科技政策办公室及

国家科技委员会，站在国家全局高度制定科技顶层战略文件，指导和牵引国防科技发展。2016 年 5 月，美国政府国家科技委员会制定并发布《21 世纪的科学、技术与创新战略——确保美国国家安全》，从国家安全的角度，分析了包括国防科技在内的创新发展趋势、面临的挑战与机遇，并从人才、基础设施、科技管理、协作机制等方面提出了加强科技创新的政策措施。

德国联邦科技计划由联邦政府各部门按照职能分工进行管理，其中联邦教研部是最主要的科技主管部门，国防部、经济与能源部、农业部、交通部、环境部等部门都有各自的科技计划，国防科技计划主要纳入国防部组织管理。为加强联邦政府各部门科技计划的统筹协调以及国防科技计划与其他部门科技计划的有机联系，设立联邦政府科学联席会（GWK）进行组织协调。此外，德国政府对跨部门科技计划采用联合管理、联合资助的方式组织实施，参与部门按领域分工管理计划中某一部分，主管该计划的部门负责组织协调。

日本政府科技归口管理部门为文部科学省，包括防卫省在内的政府其他部门管理各自的科技计划。日本内阁设立"综合科技会议"（CSTI），对政府各部门的科技计划进行统筹协调。该会议是日本首相的科技咨询机构和国家科技政策与科技计划的最高决策机构，由首相亲自领导。

二、构建国防科技计划管理体系，加强发展战略与规划计划的制定

为有效统筹国防科技创新发展，主要国家都建立了较为完善的国防科技计划管理体系，为科学制定国防科技战略规划计划提供组织保证。

美国负责研究与工程的助理国防部长办公室是美国国防科技的主管部

门，负责统筹和确定国防科技发展战略与规划计划的总体思路、方向和内容，组织各军种、国防业务局等部门共同编制国防科技战略、配套规划、创新倡议等顶层文件，并监督相关战略规划的有效落实。该助理国防部长办公室的前身是国防部研究与开发委员会，是国防部成立时最早组建的机构之一，其后调整为研究与工程署，1978年升格为副国防部长办公室，体现了美军对国防科技发展的高度重视。在负责研究与工程的助理国防部长领导下，美军设立国防科技执行委员会，具体指导国防科技战略及规划的制定，协调各部门科技创新资源，避免各部门重复投资与"烟囱式"发展。该委员会由负责研究与工程的助理国防部长任主席，成员包括负责研究的助理国防部长帮办、负责快速部署的助理国防部长帮办、军种负责科技管理的官员、国防部业务局负责科技管理的官员等，形成美军各级国防科技管理部门的联合决策机制，确保国防科技战略的科学性。在该执行委员会之下，按照技术领域设立工作小组，成员由相关技术领域的利益相关方组成，包括军种、业务局、参联会与联合参谋部，以及大学、研究实验室、工业界等技术研究机构的代表，共同研究制定相关技术领域的发展路线图。

日本防卫省下设防卫装备厅，由原技术研究本部与装备设施本部等机构合并而成。防卫装备厅下设技术战略部，吸收了技术研究本部的技术计划部与经理装备局的技术计划官等部门的人员，下设革新技术战略官、技术战略科、技术计划官、技术振兴官等，负责综合考虑技术改进与技术创新等综合发展手段，统筹谋划日本中长期防卫技术发展目标与路径。日本防卫省将保持领先一步的技术能力、确保技术的优越性作为其基本目标与原则，并高度重视基础技术研发。为了有效推进相关防卫技术研发工作。防卫省高度重视开展技术预测与相关研究活动，在此基础上制定防卫技术的顶层战略与中长期规划。

俄罗斯高度重视国防科技工作，2012 年 11 月设立主管科学与高技术的国防部副部长，由其负责国防科技发展战略与规划计划的制定。

三、健全国防科技计划文件体系，统筹谋划国防科技的创新发展

世界主要国家普遍制定了专门的国防科技发展战略与规划计划文件体系，明确国防科技发展目标，确定具体的规划计划，指导和牵引国防科技创新发展。

经过长期发展，美军在国防科技方面形成了"一大战略，三大规划"的战略规划体系。1992 年 7 月，国防部研究与工程署在分析冷战结束后国际战略形势及技术发展趋势的基础上，制定了《国防科技战略》及支撑性规划，明确国防科技发展目标、关键技术的发展路径。其后，研究与工程署分别于 1994 年 9 月、1996 年 5 月、2000 年 5 月共发布四版《国防科技战略》，不断更新和细化国防科技的发展目标与实现路径，并制定三大支撑规划，包括《国防基础研究规划》《国防技术领域规划》和《联合作战科技规划》，分别从科学、技术、军事运用三部分出发，阐明研究体系、理清研究目标、突出研究重点。2014 年，负责研究与工程的助理国防部长陆续发布《研究与工程战略：催生改变的概念》《国防部研究与工程战略指南》《21 世纪国防科技协同工作顶层框架》等国防科技顶层战略文件，提出了新形势下美国国防科技发展的战略思路与目标。各军种和国防部业务局分别出台并定期更新本部门的科技战略规划，主要包括《海军科技战略》《技术地平线——空军 2010—2030 年科技发展愿景》《陆军科技主计划》《国防高级研究计划局战略规划》等，提出了各部门国防科技发展的战略构想、重点领域和政策措施，形成与国防部层面战略规划相配套的战略规划体系，

确保国防部相关战略规划的有效落实。

日本设立防卫装备厅技术战略部后，2016 年 8 月出台了首份《防卫技术战略》，并同期发布《2016 年防卫技术中长期展望》《无人装备研究开发构想》等文件，并正在制定其他领域的防卫技术发展规划与计划，防卫技术战略规划文件体系初步形成，明确日本防卫技术的发展目标、方向重点、任务要求等，指导日本防卫技术发展。

四、重视国防科技咨询体系建设，加强发展战略研究与规划计划论证

美国等西方先进国家，高度重视智库与专家组织建设，形成了国防科技的专家咨询体系。根据宾夕法尼亚大学 2013 年《全球智库报告》，全球6603 家智库主要集中在西方发达国家，美国拥有超过 1700 家，占全球总量的 1/4，其中兰德公司、战略与国际研究中心、布鲁金斯学会等智库在全球享有盛誉。美国军方内部也设有一定数量的专家委员会机构，如国防部2016 年新设立的国防创新咨询委员会负责就国防科技创新重大问题向国防部长提出意见建议，采办、技术与后勤副国防部长牵头的国防科学委员会负责就国防科技与武器装备发展重大问题提出咨询建议，各军种还设有科学委员会负责向军种提出决策咨询建议等。

主要国家通过吸收这些智库与专家机构参与国防科技发展战略研究与规划计划论证工作，大大提高了计划管理的科学性。此外，智库与专家机构还积极开展评估评价工作，及时发现计划执行中的问题，并反馈到下一轮计划论证工作之中。

美国国防部在智库与专家组织的支撑下，高度重视发展战略研究，并

建立了较为完善的顶层战略规划体系，包括《国家安全战略》《国家军事战略》《国防战略》《四年一度防务评审报告》等，并定期更新。上述战略文件都包含国防科技创新发展的相关内容，保证顶层战略对国防科技创新发展具有指导与牵引作用，并充分考虑国防科技对国防与军队建设各领域的深刻影响，在此基础上定期制定并更新《国防科技战略》与相关规划计划文件。

五、建立国防科技监督评估体系，确保国防科技战略规划有效落实

美国等主要国家高度重视规划计划的执行落实，并建立了较为完整的监督评估体系，加强对规划计划执行工作的监督评估。美国国防科技监督评估机构主要包括三类：一是国会评估监督机构，包括国会参众两院及政府问责局、国会技术评估中心等；二是政府机构，包括总统科技顾问委员会、白宫科技政策办公室等；三是军方机构，包括军方国防科技管理部门自身、国防部总监察长办公室、国防合同审计局、成本评估与计划鉴定局、军种相关监督监察机构等。相关机构对国防科技规划计划制定与执行、重大政策与决策、重大项目实施等过程实施内外部监督与评估，保证了计划制定部门更为审慎地开展重大决策、计划论证、计划执行等工作，提高了国防科技计划管理的科学性，并推动了计划的有效落实。

（中国国防科技信息中心　王磊　万礼赞）

美国国防科技领域军民融合创新发展研究

国防科技创新必须根植于国家科技创新体系之中。美国作为世界头号军事、科技和经济强国，多年来一直保持军事技术领先优势，这得益于美国军民融合式的管理制度，总体上看该管理制度的主要特点是，从国家顶层统筹国防科技发展，构建军民融合的国防科技研发体系，建立科技成果军民双向转化机制，并采取多种措施促进军民科技资源交流共享。这些较为成熟的制度做法和管理经验，对我国国防科技创新发展具有重要的启示意义。

一、加强科技创新军民融合顶层统筹

美国将国防科技发展统一纳入国家科技体系，从机构、战略、计划等各方面统筹军民科技发展，为国防科技创新夯实土壤。

一是组建国家顶层领导协调机构统筹军民科技发展需求和重大任务。在管理机构上，美国虽然没有设立专门的机构负责全国科技活动的规划、组织与协调，但是在顶层宏观决策方面，设立了国家顶层协调机构，统筹军民科技发展需求、资源建设和重大任务。总统下属的白宫科技政策办公室（OSTP）、总统科技顾问委员会和国家科技委员会，负责制定国家总体科技战略和政策，对国防部、能源部、国家科学基金会和其他部门的科学研究工作进行统筹协调，提出国家科技创新发展总体构想、方向重点和政策措施，协助总统协调军民等各部门的科技发展。其中，白宫科技政策办公室具有较强的行政和管理职能，总统科技顾问委员会和国家科技委员会是专家咨询、顾问和协调性质的委员会，为总统提出国家科技管理方面的对策建议。这三个机构的主任，都由总统科技事务助理兼任，有利于充分发挥咨询机构辅助决策的功能，统筹调协各部门不同科技发展需求。

二是实施顶层战略规划统筹和指导军民科技发展方向和重点。在白宫科技政策办公室牵头下，美国定期出台科技战略规划，统筹军民科技发展的具体方向。2015 年 10 月，美国白宫科技政策办公室发布《国家创新战略》，从国家军民融合的高度指导科技创新，指出了未来科技创新的九大技术领域。在一些重大安全领域，美国也出台了相关战略文件，针对某一领域提出了更加专业性的战略，如《国防部网络电磁空间行动战略》《网络电磁空间国际战略》等文件，要求国防部、相关政府部门和私营企业形成合力，共同实施国家统一的网络电磁安全战略。在国家科技战略指导下，美国国防科技领域的专项战略规划，包括《国防科技战略》《国防研究与工程战略规划》《国防基础研究规划》《国防技术领域规划》和《联合作战科技规划》，明确了国防科技创新发展的目标、方向、路径，在编制过程中，积极吸收大学、研究实验室、工业界等技术研究机构的代表参加，确保战略编制的军民融合，同时保证战略内容充分贯彻军民融合的思想，有效推动国防科技创新发展。《国防科技战略》将保障国家安全，推进国防科技发展、国防建设和经济共同发展等作为重要原则和主要内容。

三是实施重大科技计划统筹和带动军民重大科技项目发展。在国家科技战略指引下，为确保技术领先地位，美国还制定了一体化规划计划，统筹军民科技发展重点。国防部作为参与单位参加的有国家纳米技术计划、网络和信息技术研发计划两个重大科技专项计划，以及"先进制造伙伴计划""大数据计划""国家机器人计划""材料基因计划""脑科学计划""神经科学计划""开放数据计划"等多个科技专项行动计划。对于重大科技专项计划，美国设立计划国家协调办公室（NCO），组织军民协同参与，共同推进重大科技领域发展。对于科技专项行动计划，白宫科技政策办公室负责相关计划的协调与监管，国防部在内的联邦政府各部门共同参与相关计划的组织实施，共同推进相关专项科技领域的创新发展。如2012年美国发布的"大数据计划"，要求军民通力合作创建更快捷、更高效、更安全的网络和数据环境，同时服务于装备建设和经济建设。

二、构建国防科技军民融合研发体系

多年来，美国形成了地方高校和企业为主体、军内科研机构为骨干、联邦资助的研发中心为补充的科技领域军民融合式研发体系，这些研发力量互为补充和支撑，成为国防科技创新体系的核心和基础。

一是地方高校和企业是国防科技研发体系中的核心力量。地方高校和企业是国防科技基础研究的创新源泉，在基础研究中发挥着重要作用。第二次世界大战以后，美国对高校和非营利机构的研发投入呈递增态势，拓展了技术创新的范围，为推动国防科技的长远发展提供了原动力。据统计，每年美国大学承担了国防部基础研究计划项目中55%的份额。国防部支持了大学中71%的电子工程的研究，63%的机械工程的研究，42%的航空工程的研究，42%的计算机科学的研究，为人才的培养和关键基础科研成果的获得奠定了基础。2016年6月，卡特在一次防务峰会上称，美国国防部每年有125亿美元专门用于科技，支持全国各地的国防实验室和工程中心、创新型公司、大学等开展突破性研发工作，这些投资使国防部在水下系统、高超声速、电子战、大数据分析、先进材料、能源和推进、机器人、自主和先进传感与计算等领域取得重大进步。

二是军内科研体系是国防科技研发体系的中坚力量。虽然美国积极推动民间科研力量为军方服务，但同时在军队内部保留了相当规模的科研机构。除了由国防部直接管理的一些实验室，陆军研究实验室、海军研究实验室和空军研究实验室分别是陆、海、空三军国防科研工作的主要实施机构。这些科研机构根据军方的现实需求，在特定的军用高新技术领域、武器型号研制或国防采办保障方面，承担一些外界不愿或不便承担的某些特定领域的科研项目，或者一些投资多、风险大、收效慢的特殊项目，是促进国防科技和武器装备发展的中坚力量。

三是联邦资助的研发中心是国防科技研发体系的重要补充力量。美国联邦资助的研究开发中心（FFRDC）是一类主要依靠联邦政府部门资助，但由企业、大学或非营利机构负责运营和管理的相对独立的机构。美国目前正在运行的FFRDC总数是39个，包括能源部资助的16个，国防部资助的10个，NASA资助的1个，国家科学基金会和其他部门资助的12个。国防部资助的这些研发中心为国防建设服务，帮助国防部实现在国防科技领域的研发目标或在大学中为研究和相关培训提供大型设施，是国防科技研发体系中重要的补充力量。

三、建立科技成果军民双向转化机制

只有将科技转化为战斗力或者生产力才能算是将科技的作用真正落到了实处。美国是一个以实用主义为底色的国家，因此高度重视科技成果转化工作，将之作为美国国家科技创新体系的一项核心工作。

一是建立完善法规制度促进军民科技成果双向转化。美国高度重视技术转移和成果转化工作，从 20 世纪 80 年代以来，先后出台了近 30 部专门或涉及技术转移和成果转化方面的法律或行政法令。1980 年，美国国会通过《史蒂文森—威德勒技术创新法》，规定联邦政府对国家投入的研究与开发成果的转化负有责任，并要求政府部门推动联邦政府支持的技术向地方政府和企业转移。1986 年，美国国会通过《联邦技术转移法》，要求建立联邦实验室技术转移联合体，推广实验室的技术等。1993 财年，《国家国防授权法》要求国防部建立技术转移办公室。通过这些立法，联邦政府技术转移主要机构基本建立。2012 年 9 月 16 日，美国总统奥巴马在签署《美国发明法案》时，宣布一系列旨在促进科研成果转化的政策措施，包括在美国国立卫生研究院（NIH）建立一个新的国家转化科学促进中心，以帮助生物医药企业缩短新药和诊疗方法商业化的时间，降低成本。而且，NCATS 将和美国国防高级研究计划局合作，开发更为迅速有效的药物筛选芯片。

二是实施多种计划打通军民科技成果双向转化渠道。美国政府和国防部通过实施多种计划，促进科技的军民双向转移转化。这些计划可以分为两类：一类是支持立项和研发活动的计划，主要包括针对所有企业的国防部支持的独立研究开发计划（IR&D），以及针对小企业研发活动的小企业技术转移计划和小企业创新研究计划。独立研究开发计划是对由企业自行计划、执行和资助的独立研究开发活动，最高可获得国防部 1% 的补偿。小企业技术转移计划和小企业创新研究计划鼓励小企业或者独立研发，或者与非营利组织、大学、研究机构或联邦资助研究中心合作研发，促进小企业或其他科研单位科技成果转化应用，或者转化用于国防科技领域或武器装备采办中，或者应用于民用领域，实现商业化产业化应用。每年，美国国防部小企业技术转移计划/创新研究计划向小技术公司提供大约 5.5 亿美元的资金。2017 财年，《国防授权法案》提出将国防部"小企业创新研究计划"和"小企业技术转移计划"永久化。第二类是支持科技成果转化的计划，主要包括：解决计划间衔接问题的技术成果转化倡议；解决实验验证问题的制造技术计划；解决工程化和质量测试问题的商业技术嵌入计划以及商业运行与保障节约倡议（COSSI），将成熟的民用技术直接转化应用于装备维修保障和升级改造中。

三是构建转化中介服务体系加快科技成果转化进程。美国政府和国防部积极为成果转化工作创造良好的服务条件和环境，如搭建各种技术转移平台、提供资料信息等。例如，1970 年联邦实验室组建技术转移联合体，推动国防部系统研究成果向州和地方政府转移。后来，该联合体扩大到其他部门的政府实验室，到目前为止，600 多家联邦实验室成为该联合体的会员单位。此外，国防工业协会、航空航天协会等中介服务机构也在军民科技成果转化中发挥了重要的桥梁作用。如国防工业协会与国防部的技术转移办公室建立了密切联系，每年举办由国防部等政府部门以及企业相关人员参与的交流研讨会议，就技术转移等相关问题进行探讨，推动民用相关技术顺利转移到战场应用，快速形成战斗力，同时也将先进军用技术转化到民用领域。

四、促进科技资源军民双向交流共享

在推进军民融合过程中，美国国防部采取多种措施，在国防科技领域的信息融合、人才流动、经费保障和基础条件建设等方面探索出了多种有效的模式和机制，促进科技资源军民双向交流共享。

一是构建军民科技信息交流平台。为了促进军地双方信息沟通交流，美国国防部建立了多种信息平台，其中在国防科技领域最重要和最核心的信息平台是国防部创新市场网。美军将国防科技发展战略、国防部最新年度科技重点投资领域、重点科技领域发展路线图、国防部各部门以及军种管理规定、军民项目信息等都集成到了"国防部创新市场"网站，便于企业全面真实了解国防部投资重点和能力建设需求。同时，该网站将"快速创新基金""工业基础创新基金""小企业商机""技术转移项目""独立研究开发基金"以及国防部各部门和军种项目等信息进行世界范围的权威发布。不仅实现了"军向民"信息的发布，而且提供了"民向军"的自荐渠道。美国陆军、空军、海军、海军陆战队以及国防部相关部局都可以通过该网站发布相关项目需求信息，该网站设置了政府和工业部门两类用户，从各自用户界面登录可以看到各自需要的信息。

二是采用多种手段促进科技人才跨界流动。为促进科技人才在国防系统与工业界和学术界的跨界流动，美国国防部通过多种渠道、平台和计划，借助全美科技力量加大国防科技人才培养力度。2010 年 5 月，美军颁布了《科学、技术、工程和数学（STEM）教育及延伸战略规划（2010—2014）》，对国防科技人才资源建设进行战略谋划和指导。此外，国防部实施了信息技术交流项目（ITEP），推动网络安全、大数据、商业云服务、移动技术等领域的人才双向流动，加强军民科技人员互相学习技能和经验，推动国防部与工业部门的人才交流合作。2016年6月，国防部长卡特在一次防务技术峰会上，阐述了其最新的人才培养、使用政策和措施，包括：扩大国防部长企业伙伴计划，向有资质的应征人员开放；职业生涯中断试点计划，让现役军人休假几年获取学位或习得新技能；使创新企业家到国防部工作一两年；设立国防部首席雇佣官，招募民用领域的高管为国防服务，如惠普联合创始人戴维·帕卡德就曾担任国防部常务副部长；创立新的国防数字部队计划，招募谷歌等公司的程序员解决国防部面临的数据共享难题等。

三是采用多元投资模式保证经费投入稳定。在国防科研经费投入方面，美国形成了联邦政府、工业界和高等院校等多元化主体的格局，而且投资模式也从过去简单的资助、合同、基金等，积极探索风投等新兴模式。多年来，国防部在基础研究领域一直保持50%以上的经费投入，工业企业提供1/4，大学提供不到1/10，其他为非营利机构提供。在应用研究领域和先期技术开发领域，国防部受财政预算影响，投入不是很稳定，近几年有所减少，而工业企业投入每年都在增加，且近年来呈增长趋势，每年为40亿～50亿美元。这些经费都用于工业实验室中。如2016年6月，美国国防部发布"制造环境中的机器人"制造创新机构竞争公告，计划联邦政府和工业部门以1：1（7500万～8000万美元）的成本分担形式授予一个为期5～7年的技术投资协议，其主要目标是通过充分利用智能、协同机器人领域的技术优势，提升美国制造业的竞争力。2016年5月，国防部长卡特宣布与In－Q－Tel公司进行一项试验性的投资计划，为早期阶段的技术提供资金，如纳米电子学技术、数据分析、网络安全和3D打印等军民两用技术。这种多元化的经费投资模式，有效弥补了单纯依靠政府投入有可能因为财政预算带来的不稳定性，同时激发了企业的科研创新活力，是美国多年来能够保持军事技术优势的重要因素之一。

四是采取多种措施推动基础设施共建共用。在科研基础设施利用方面，美国通过征用、租赁、代管等手段，对大学和军内研究实验室的大型科研设施进行整合，实现互相开放、军民共用，大大提高了军内外科研设施的利用效率。近年来，美国军方与政府正在共同建设用于网络空间作战能力试验与评估的"国家网电靶场"，以及用于存储、过滤、处理和分析海量网络数据的"高性能计算中心"。美国国防部还规定，当承包商无法自行解决履行政府合同所需的设施和资产时，国防部将向承包商提供或授权使用必要的设施和资产。美国建立了以"联邦资助的研发中心"为代表的军民融合科研机构体系，由美国联邦政府部门出资，但行政管理权以合同形式交由大学、企业或非营利机构，开展政府或承包商研究机构无法有效完成的长期研发工作。

（中国国防科技信息中心　李宇华　张代平　赵超阳）

美国国防科技专家咨询组织助力
国防科技创新发展

国防科技专家咨询组织是为国防科技相关活动提供咨询服务、技术支撑和评估的重要力量。为保障国防科技管理和决策的科学性，美国国防部建立了一整套较为完备的国防科技专家咨询组织体系，并制定了科学严格的人员选聘制度。这套体系通过不同的工作方式，在参与制定国防科技战略和规划计划、制定国防科技政策法规、评审国防科研项目、评估绩效等方面，发挥了无可替代的支撑和辅助作用，其研究和工作成果最终成为国防部有关部门开展工作的指导思想、政策内容和重要参考，推动相关管理的改革和政策调整，提高国防科技创新的发展水平。

一、完备的组织体系设置为专业服务支撑提供保证

早在 19 世纪末，美国就出现了为联邦政府官员和机构提供咨询建议的团体，称为"咨询委员会"。第二次世界大战后，随着科技重要性不断加强和政府事务的大幅增加，政府对专家咨询的需求更加旺盛。尤其是国防领

域，战后建立的许多咨询组织和思想库，为国防部和各军种在科技规划计划、法规政策、新技术应用、能力评估等方面，提供了诸多建议和支撑，发挥了不可替代的作用。经过几十年的不断发展壮大，目前美国已经建立起较为完备的国防科技专家咨询组织。

一是联邦咨询委员会。联邦咨询委员会由联邦政府各部门建立，由国会批准。1972 年，美国国会出台了《联邦咨询委员会法》，开始对各类咨询委员会进行规范化管理，对职责任务、研究范围、工作模式、信息发布、监管约束等做出明确规定。目前，国防部范围内的联邦咨询委员会共有 57 个，其中涉及国防科技领域的主要有国防科学委员会、空军科学咨询委员会、陆军科学委员会、海军研究咨询委员会等。

二是应用型委员会。《联邦咨询委员会法》也提到了"应用型委员会"，主要是指国家研究理事会、JASON 国防咨询小组一类的研究机构，这类咨询组织没有政府背景，不接受《联邦咨询委员会法》的制约，接受政府部门的委托开展研究与咨询任务，充分保证了政府的另外一种意见来源，在国防科技专家咨询组织体系中发挥着重要的作用。

三是直接支撑的专家咨询组织。这类组织由国防科技主管部门针对特定任务设立，最主要的是为支撑国防科技规划计划制定与审查，而建立的一套自上而下的专家咨询组织体系。自 2009 年开始，国防部在原体系基础上，建立了由科技执行委员会、17 个技术领域组织（称为"重要相关团体"）等组织构成的 Reliance21 框架，进一步加强国防科技规划计划管理。

四是智库机构。兰德公司、列克星敦研究所、战略与国际研究中心、新美国安全中心等智库机构长期活跃在美国国防科技领域，具有不同的侧重领域。它们接受国防部各部门委托，就国防科技发展相关问题，开展研究论证和支撑服务。

五是吸收商业领域智慧的机构。在当前大量借助商业领域力量加速创新背景下，美国国防部出现了一种新趋势，即借助商业领域先进经验和智慧来推动国防科技发展，典型代表是2016年3月国防部成立的国防创新咨询委员会，该委员会主席由谷歌母公司阿尔法贝特公司的执行总裁埃里克·施密特担任。

二、严格的人员选聘标准为客观准确研究提供基础

美国政治文化注重分权、制衡与民主决策，在国防科技领域决策上也把客观性、透明性、专业性摆在首位。为此，国防科技专家组织普遍设置了严格的人员选聘标准，注重利用多元化和专业化力量构成，保证了决策的科学性。

一是覆盖相关专业领域。国防科技涉及领域多，需要覆盖各个领域，还需兼顾各方利益。因此对于每一个具体的咨询项目，咨询组织在成员的选定过程中不仅重视自然科学范畴内各专业技术领域专家的平衡，而且注重邀请管理学、法学、经济学等领域的专家，形成一个跨专业领域的专家团队。不同学科和专业背景的专家被组织在一起，有利于研究方法的创新和研究思路的扩展。

二是具备丰富的阅历。为决策提供有力支撑，咨询组织成员必须具有丰富的科研或管理经验，必须了解领域内相关技术、同类项目或机构的发展状况。许多专家都是来自相关科研单位或者高等院校的研究人员，还有上级管理部门的高级领导，其丰富的阅历，不仅有助于提出可行的建议，还有助于研究机构间的信息交流。

三是具有广泛的代表性。咨询机构专家通常要包含不同领域和层面的

人员，有的是来自研究机构的资深研究人员，有的是来自知名大学和工业界的专家，保证各利益相关方都能充分参与决策和发表不同意见。咨询组织中还有来自国防部、军种、联合作战司令部等部门的管理人员。美国非常强调用户和作战部门参与到咨询组织之中，由于用户和作战部门是咨询成果的直接使用者与受益者，他们提出的意见和建议具有十分重要的价值。

四是保证专家独立性。专家咨询组织中一般有超过半数人员来自研究对象以外的机构，保证了很强的独立性，能够提供更为客观的意见建议，其研究结果也更加具有说服力。因此，专家咨询组织普遍高度重视其自身独立性，如美国国防高级研究计划局曾经想指派一名专家加入 JASON 国防咨询小组，但被拒绝，此事还一度影响了 JASON 与美国国防高级研究计划局的合作关系。

三、多样的工作方式为开展相关研究提供多重途径

专家咨询组织开展工作需要建立在大量信息和一手资料的基础上，并进行深入分析研究，才能为相关决策提供科学准确支撑。为此，美国专家咨询组织采用研讨会、听证会、实地调研和专题研究等多种方式，为信息获取和研究工作提供多重途径。

一是举办听证会。针对重大国防科技问题，咨询组织通常会在更大范围内召开听证会，听取各方面、各层次代表的意见和观点。通过这种形式，可以对专家提出的咨询建议进行验证，保证其科学性、可操作性，并符合大多数人的利益。如"美国空间探索政策执行委员会"在咨询研究过程中举行了 5 场电视听证会，听取了学术界、工业界、政府机构、国际空间机构以及专业协会共 96 人的证词，并在网站上公开搜集建议，点击率超过 600

万次，广泛地征集到各类新思想、新创意。

二是召开研讨会。召开研讨会是最普遍且最传统的咨询方法。其流程为：召集相关领域的专家，组织一次或多次研讨会；专家根据个人经验和掌握的信息在会上进行讨论；讨论后的意见将整理为咨询报告。《联邦咨询委员会法》对联邦咨询委员会召开会议有明确要求，如要求咨询委员会运作公开透明、预先通知会议的时间和地点等。国防科学委员会组织的夏季研讨会最具代表性，主要目的是评估国防科学委员会的重要研究项目，详细审查主要研究中的发现、一般性结论和建议，并做出修改，最终形成反映全体委员会观点的报告。随着信息技术的发展，近年来出现了利用网络开展咨询研讨的模式。通过网络平台，专家们可以便捷地获取以往研究成果、政策法规和技术资料，专家与用户、专家与专家之间可以直接在线沟通。

三是走访调研。专家在咨询工作中所依据的信息大多是政府或军队的委托机构提供的，有些信息未必全面准确，也可能存在为了某些目的而有选择地提供信息。因此，专家咨询组织通常在国防科技咨询过程中加入实地调研环节，使专家们获得更多真实可靠的信息。美国政府在提出空间探索新构想的过程中，由专家委员会先后实地考察了两个航天中心、两个空间飞行中心和一个喷气推进实验室，以保证能够提供科学可靠的咨询建议。

四是专题研究。开展专题研究是专家咨询组织的核心工作，通过专题研究产生的研究报告为相关决策发挥了重要的支撑作用。如 2015 年 11 月，国防科学委员会开展"有限军事行动能力"研究，2016 年 6 月公布题为《关于自主技术的夏季研究》的报告等，都对国防部关注的技术问题进行了深入研究。2016 年年初，陆军科学委员发布《决定性的陆军战略与远征机动能力》报告，建议陆军考虑"数字对抗""自适应性后勤保障"等新型技术和作战概念。

四、丰富的任务内容为国防科技发展提供全面支撑

专家咨询组织是美国重要的智力资源，在美国国防科技领域中发挥着不可替代的作用，通过国防科技战略和规划计划制定、政策法规制定、绩效评估等方面的研究和咨询工作，全面推动美国国防科技创新发展。

一是把握前沿技术发展方向。美国将前沿技术视为未来高技术更新换代和新兴产业发展的重要基础。专家咨询组织在研究前沿技术发展时不仅要考虑作战需求，而且要具备能前瞻、预见科技发展趋势的战略眼光。其研究成果往往成为美国国防制定前沿技术发展规划的重要依据。2015 年，国防科学委员会发布《关于战略突袭》的研究报告，重点聚焦于包括网电攻防在内的八个有遭受战略突袭风险的领域。随后，美国国防部、军种和网络司令部等都制定了本部门的网电领域相关规划。2016 年 8 月，美国国防部国防科学委员会发布题为《自主性》的研究报告，建议国防部积极推动自主技术的军事应用，必将对下一步美军自主技术发展产生影响。2016 年 8 月，新美国安全中心发布《数字战争时代：网络能力和脆弱性的矛盾》报告，建议未来美军通过数字技术加强军事能力，降低军队脆弱性。

二是参与战略规划制定和审查。为提高国防战略规划计划的科学性、有效性和可行性，美国国防部一贯依托专家咨询组织，为相关制定和评审工作提供直接支持。在国防部层面，由国防科技执行委员会总体负责战略规划文件的制定和监督指导工作，确保国防部和各军种科技发展紧紧围绕国家和国防顶层战略。国防科技执行委员会下设 17 个重要相关团体，主要由国防部、军种有关管理部门人员和领域内科学家构成，负责协调制定各领域科技发展路径，研究新理念、新技术发展方向和可行性，共同制定领

域规划计划，为国防科技顶层战略规划制定提供支撑。重要相关团体还负责对各领域发展路线、投资策略等进行审查，向国防部顶层提出改进建议和方案。在军种层面，也有专家咨询组织深度参与本部门科技规划计划的制定和审查工作。例如，《陆军科技总体规划》由陆军科技开发人员和作战部门共同参与完成起草工作，陆军科技咨询小组和陆军科技工作小组负责实施分级分类审查。

三是参与政策法规制定。美国在国防科技领域建立了较为完善的政策法规体系，该体系的建立离不开专家咨询组织在法规前期理论研究、起草等过程中的深度参与，以及为相关政策法规制定提供的咨询建议。如2009年，国防科学委员会发布《信息技术采办政策与程序》报告，其中大部分理念和内容被2015年版国防部指示5000.02《国防采办系统的运行》采用，极大地提高了相关技术管理的针对性与有效性。2015年，国防科学委员会对国防部研究体系的组织结构、任务规划、管理部门等进行评估，研究成果为"第三次抵消战略"提出后一系列科技政策调整的重要依据和支撑。空军科学咨询委员会、陆军科学委员会、海军研究咨询委员会等组织的章程中都规定了，要为本军种部长针对重大政策提供独立的、有根据的意见和建议。此外，专家咨询组织和资深权威专家还经常被国会邀请，就涉及国防领域法规政策问题参与立法听证，并提出意见建议。

四是开展评估工作。美国一贯重视对政府部门的各类评估工作，评估工作也是国防科技领域专家咨询组织的重点工作，包括针对科研项目、科研机构和技术领域等，为提升国防科技各项工作的绩效水平发挥了重要作用。例如，2016年，美国陆军科学委员会对陆军在本财年开展的未来装甲/反装甲竞争、利用空中无人系统和进攻性网络/电子战能力对抗敌人间接火力及实现目标获取、物联网的军事效益和风险、机器人和自主系统的系统体系结构、陆军提高士兵和团队工效的工作五项研究成果进行评审，并对如何提升未来陆军军事和技术能力提供建议。国家研究理事会下属的陆军研究实验室评估委员会，每两年对陆军研究实验室进行绩效评估，从战略规划、研究领域、科研条件、研究成果、人员结构等多个方面评估实验室绩效水平，并对绩效提升和未来发展提供建议。2016 年 7 月，战略与国际研究中心发布《导弹防御局与金钱本色》报告，从经费预算角度对导弹防御面临的环境进行评估，为未来持续发展提供建议。

（中国国防科技信息中心　谢冰峰　冯靖　张代平）

美国推动国防创新试验小组建设，
提升国防科技创新效率

2014 年，美国政府发布四年一度防务评审（QDR）报告，将创新确立为国防战略的主线，同年底，美国国防部提出"第三次抵消战略"，进一步强调和推动国防科技创新。在此背景下，国防创新试验小组（DIUx）应运而生，在组织架构、职能任务和运作模式等方面采取大胆创新。尽管国防创新试验小组的成立和运营仍处在探索阶段，但却是美国国防领域一次革命性的尝试，影响深远。

一、应对复杂形势和挑战，采用全新模式聚焦商业领域

2014 年以来，美国国防部和军种纷纷将推动科技创新作为未来工作的重心，但国防预算逐年削减，同时军方官僚程序和繁琐规章已经不适应当前技术发展需要，并严重挫伤私营企业的积极性，对军事技术创新产生不利影响。而随着以信息技术为代表的现代科技加速发展，民用领域技术发展水平已大大超越国防领域，美国国防部开始将目光转向创新活力更强的

商业领域。国防创新试验小组正是诞生于这样的背景之下，以期采用全新的模式另辟蹊径，推动科技创新。

2015年7月，美国国防部在硅谷正式成立国防创新试验小组首个办公室，旨在加强国防部与硅谷企业的合作，寻求技术创新的突破点和潜在机遇，使国防部从商业领域技术的快速创新中受益，加速国防科技快速发展。2016年6月，美国国防部在波士顿新区成立国防创新试验小组东部办公区，进一步扩大其影响。9月，美国国防部在得克萨斯州奥斯汀建立新的办公室，成为继硅谷、波士顿之后国防创新试验小组的第三个工作机构。

二、搭建国防部与企业交流平台，促进技术成果向国防部转移

国防创新试验小组是美国国防部通过创新提升国家安全能力的重要机构，是国防部从高新技术公司和企业获取创新前沿技术的前哨。国防创新试验小组更加注重外部创新，主要致力于将外部创新引入国防部现有的创新系统中，建立一个能与最尖端科技企业和人才对接的机构。

其主要任务包括：一是加强和构建国防部与企业之间的联系，使国防部获取前沿的商业技术和人才；二是将前沿的商业技术转移到国防部，确保作战人员的战场优势；三是简化创业公司和非传统成员参与国防工业采办的路径；四是利用合同、竞赛等手段解决国防部面临的问题，同时维持企业家和投资者对美国面临技术挑战的兴趣；五是吸引最出色的科学家和工程师，通过国防创新试验小组，私营公司可以选择派遣年轻的技术人员到国防部工作一两年。目前，国防创新试验小组项目已经直接支撑了国防部多个机构，主要包括空军航空与导弹系统中心、陆军医务司令部、陆军情报和安全司令部、网络司令部、特种作战司令部、海军第十舰队等。

国防创新试验小组针对特定技术领域，组织由大型技术公司、小企业、初创公司、五角大楼以及相关军队用户参加的技术展示会；经过沟通需求、技术推销后，筛选目标公司，由风险投资公司进行投资；军兵种开展技术项目试验，并最终在模拟作战环境下试验技术；如果满足需求，则开始签订合同进入采办程序。国防创新试验小组获取技术与产品的方式与以往美军装备采办模式有显著差异。一是投资模式不同。国防创新试验小组采用风险投资的采办模式，而不是传统的计划合同管理模式，鼓励寻求有潜在创新与突破的领域，风险较高，允许相关投资的失败。二是要求投资回报周期短。该小组的投资周期与商业领域的周期相似，一般在 3～6 个月，与传统装备采办数以年计的采办周期有很大差异。三是管理方式灵活高效。摆脱了传统装备采办繁琐的约束，在知识产权的归属上由军方与企业共同拥有，改变了传统上军方投资的知识产权归军方所有的模式。

三、优化组织结构管理模式，灵活高效地开展军民对接工作

国防创新试验小组直属国防部长办公厅，直接向国防部长汇报，采取扁平化的、类似于合伙制的领导体制，主要由领导层、实施层和辅助机构组成。

领导层由管理合伙人以及少数合作伙伴组成，负责国防科技决策管理。领导层成员人数在 6～10 人之间，身份多样，包括文职人员、现役军人、国民警卫队人员和预备役人员等。管理合伙人由国防部长任命，经过国防部长同意，管理合伙人任命其他合作伙伴。管理合伙人和合作伙伴一起做出关键决策，管理合伙人的职责包括：一是行使监督权力，监督所有国防创新试验小组分支机构的运行；二是决定机构的人员聘用，在采办及研发方

面做决策；三是定期向国防部长办公室以及国防部常务副部长汇报进度和规划；四是通知联合需求监督委员会所有国防创新试验小组的活动，配合军种迅速采办系统；五是作为观察者出席国防创新委员会所有的重大会议；六是每年对国防创新试验小组的绩效进行评估；七是执行国防部长以及常务副部长分配的其他任务。国防创新试验小组波士顿办公室成立后，管理合伙人拉吉·沙阿取代了前主任乔治·杜查克的职位，沙阿曾担任 F－16 战斗机飞行员和国防部长办公室特别助理，现任沙阿帕洛阿尔托网络公司战略部高级主管。新的团队包括首席科学官伯纳黛特·约翰逊和波士顿军事长官迈克·迈金尼上校，约翰逊是麻省理工学院林肯实验室的前任首席技术官，迈金尼上校是一位专门研究网络安全问题的律师，同时就职于空军预备役网络部队。

实施层设有 3 个小组，负责国防科技创新运行管理。一是商业机遇小组（Venture Team），主要任务是识别新兴的商业技术，并且挖掘出这些新兴商业技术在战场上的应用潜能；二是技术成形小组（Foundry Team），主要根据军种和国防部有关部局提出的需求，对经过开发和调整可以适用于军事应用的技术，进行确认和排序；三是沟通联络小组（Engagement Team），主要作为军队和企业家之间的桥梁，促进军队和创新者之间的相互了解和沟通。

辅助机构主要包括技术审查小组和军种小组，负责技术审查和军种需求对接等工作。技术审查小组由国防部常务副部长担任主席，并任命技术审查小组的全职成员和长期兼职成员，成员均为政府雇员或军职人员。全职成员将会出席技术审查小组的所有会议，长期兼职成员根据指示只参加与其职责相关的会议。技术审查小组的主要职能是根据国防部指令 5105.18 评估由国防创新试验小组提出的项目：一是召开项目评估以及为国防创新试验小组领导层提供指导的会议；二是确保国防创新试验小组全力配合国防部各部局的活动，尤其是军种部门和国防部业务局。国防创新试验小组还设立了若干军种小组，每一个小组由 6～10 人组成，主要负责对接军兵种的需求。有意愿与五角大楼开展合作的公司也可通过军兵种小组，直接与军兵种洽谈。

四、创建新型模式简化采办流程，缩短创新技术成果引入时间

国防创新试验小组的主要工作称为商业领域方案征集（CSO），旨在寻求创新建议、商业技术，创新指的是任何新型技术、方法、现存技术中新的应用以及有助于维护美国国家安全的商业解决方案，是一个开放性的（有效期为 5 年）、竞争性的过程，以改进国防部采购与开发工作，提高作战部门使用的系统组件性能，提高军事人员执行任务的效能。该过程主要由主管部门发布公告初步征集解决方案概要，然后对征集的解决方案概要进行评估，评估优秀的公司会被邀请提交正式提案进入下一轮竞争。主管部门还会邀请公司通过方案评估来展示他们的技术，也可以随时与公司进行讨论，并且在任何时候添加他们感兴趣的内容。商业领域方案征集将会催生原型项目，不仅包括商业或战略投资的商业化技术，而且包括概念演示、试点以及灵活的开发活动，这些都可以逐步提高商业技术以及国防应用的思想观念。主要步骤如下。

（1）解决方案概要的准备。阶段 1：提交方需提交一份解决方案概要，主要包括标题页、执行概要、技术概念、公司的生存能力；阶段 2：这一阶段公司通过面对面演示或提交书面意见向政府展示，需包括更多的细节以及技术和商业上的可行性。主要标明：价格/时间表的估算、国防效用、运

行影响、技术原型、数据权力声明。

（2）提案准备。阶段2评估通过后，公司会收到政府提案邀请，届时公司需提交一份完整的提案。这一阶段主要讨论提案的想法和细节。由技术提案和提案价格、成本、进度两部分组成。

（3）签订合同。根据评审结果和经费的实际情况，国防创新试验小组将会与最合适的单位签订合同。合同为固定价格，使用其他交易协议（OTA）的基本类型。其他交易协议类似于商业合同，可以不受绝大部分政府采购法规和规章束缚，允许政府更加快速及简便地与企业签订合同，从而避免部分最具创新性的商业公司因手续繁琐不愿意为国防部开展研发工作。协议官将直接参照其他交易协议的条款和条件（包括支付）与公司进行谈判。

（4）评估标准。

一是阶段1的评估标准。该阶段的评估分三部分，首先评估技术观念的价值优势，即在政府目的领域的可行性；然后对概念、技术、方案与政府目的领域的相关性以及提议的创新性、独特性和可利用性进行评估；最后政府会评估公司实力和提出方案的商业可行性，并将根据外部市场的研究来评估公司的生存能力。

二是阶段2的评估标准。该阶段将会基于以下因素进行评估：①提案与增强国防部任务有效性的相关程度；②粗略估算价格的可接受程度；③大致进度表；④非传统和（或）小企业参与或分担1/3费用的公司情况；⑤提案要具备开发样机的条件；⑥相关数据权属。

三是提案评估。提案由政府的专家基于以下标准进行评估：①提案与破坏性防护能力的相关程度，包括加速创新发展对"第三次抵消战略"促进的程度；②提案尤其是创新方案的技术优势；③提案执行计划的现实性和充分性；④价格的现实性和合理性。

截至 2016 年 10 月，其他交易协议已授出 12 项合同，总价值 3630 万美元，合同包括终端查询解决方案（1270 万美元）、高速无人机（1260 万美元）、博弈沙盘（580 万美元）等。

（中国国防科技信息中心　谢冰峰　蔡文君　魏俊峰）

美军利用民间力量推动国防科技创新

为适应全球高新科技的快速发展，应对中、俄等潜在对手军事能力快速增长的严峻挑战，缓解美国军事预算紧缩、管理僵化等问题，美军积极借助民用科技的发展理念、先进技术、优势资源、管理模式等方面的创新优势，为国防科技创新发展注入生机活力。其成功经验和做法值得我们高度关注和参考借鉴。

一、汇聚民间智慧经验为国防科技发展提供创新思想

近年来，Facebook、SPACE X 等一批具有世界影响力的创新型高科技企业异军突起。美军瞄准这些创新型企业，广泛吸收借鉴其灵活高效的创新思想和管理经验，不断更新国防科技发展理念，有效增强创新活力。一是聚集商界精英为军方顶层决策提供战略咨询。2016 年 3 月，美国国防部成立国防创新咨询委员会，主席由谷歌母公司高管埃里克·施密特担任，其余 12 名成员包括亚马逊（Amazon）、IBM 等世界顶级企业高管，主要任务是借鉴企业创新实践经验，为国防科技提供创新思想、方案和建议。目前，该委员会

提出设立国防部首席创新官职位的建议，已得到国防部长阿什顿·卡特的支持。二是安排人员"走出去"学习先进经验。20 世纪 90 年代中期，国防部就专门设立"企业见习计划"，每年安排 20 多人到微软、亚马逊等知名企业见习 1 年，深入了解企业先进的管理理念、模式和流程，促进国防部组织管理的调整优化。2015 年，国防部将该计划升级为"国防部管理人员见习计划"，人数增至 50 名，时间延长至 2 年。三是招聘知名企业高管担任国防部部门要职或参与重要工作。国防部很多高级官员都具有企业高管经历，国防高级研究计划局现任局长普拉巴卡尔就来自于风险伙伴投资公司。2016 年，国防部启动"企业家进驻试验计划"（EIRPP），招募知名企业家参与国防部或军种高层领导发起的重大项目，每个机构最多 3 名，利用其先进理念、知识经验和社会资源，协助解决项目实施和管理工作中的难题与挑战。

二、挖掘商业新兴技术为国防科技发展提供有效支撑

为顺应新兴技术加速发展的趋势，美国国防部注重挖掘和移植商业领域优势技术，以快速提高国防科技发展水平。一是设立专门机构发现和对接商业技术。国防部于 2015 年 8 月在硅谷设立了国防创新试验小组首个办公室，2016 年 7 月和 9 月又分别在波士顿和奥斯汀设立办公室，旨在加强国防部与创新活跃地区商业领域的科技合作与交流，寻求发展前沿创新技术。二是举办创新会议挖掘前沿技术。2015 年以来，美国陆军已不定期举办了三届"创新峰会"，旨在加强陆军科技管理部门、作战训练部门和企业界及学术界的交流与合作，探讨未来陆军科技发展和创新概念，寻求民口企业的优势创新技术。2015 年 9 月，美国国防高级研究计划局举办"未来

技术论坛",围绕大数据、冷原子、人工智能、脑科学等新兴科技领域,广泛征寻科学家和工程师的见解,探讨未来技术发展的可能性。三是利用网络平台寻找优势技术。国防部把"国防创新市场"门户网站作为寻求民用优势技术的重要平台,集中发布军方需求信息,汇集企业技术成果信息。各军种科技管理部门也通过相应网站广泛征集民用领域优势技术,促进民用技术向军用领域的转化应用。

三、利用商业风险投资为国防科技发展提供金融支持

美国拥有世界上最发达的资本市场。在国防预算削减背景下,美军积极创新科技投入管理模式,引入商业领域的风险投资,为国防科技创新发展提供金融支持,实现军方和民间组织双赢。国防科技创新试验小组积极探索建立市场化的国防科技风险投资机制,已与500多家企业建立了合作关系,吸引投资6000多万美元,为20多个项目提供了资金支持,以少量国防经费投入吸引和撬动社会资本参与国防科技创新。对军方而言,风险投资管理模式主要有以下优势:一是注重寻求具有重大应用价值和创新潜力的新技术,风险虽高,一旦成功回报巨大;二是项目和资金收益周期一般为3~6个月,时间短、见效快;三是能够有效发挥市场机制的作用,摆脱繁琐的管理程序,运行灵活、高效。对新兴企业而言,可以通过风险资金,降低参与国防科研生产的门槛,增加在市场环境中参与国防科技创新的机会。

四、充分吸纳小企业为国防科技发展提供新生力量

小企业具有规模小、机制灵活、创新活力足、方向重点易于调整等特

点，是科技创新的重要力量。美国国家科学基金会研究表明，小企业人均创新成果数量约为大企业的 2.5 倍。近年来，美国国防部采取多种措施吸纳小企业参与国防科研活动，充分发挥其创新生力军的作用。一是国会立法扶持小企业发展。2015 年 9 月，美国国会通过《2016 财年国防授权法案》，设立相关条款，允许国防部与小企业进行合作时，可突破联邦采办条例、传统采办合同规定等法规限制，快速获取技术成果。二是设立专项计划支持创新型小企业。为适应民用领域技术快速发展，美军于 2016 年在原"快速创新计划（RIP）"基础上设立"快速创新投资（RIF）计划"，专门支持小企业创新技术成果的快速转化应用。小企业针对国防部提出的需求，只需提交 3 页说明文件和计划表即可参与竞争，通过后再提交详细材料。三是简化项目申报流程。美国国防高级研究计划局生物技术办公室针对小企业简化了传统跨部局公告（BAA）的项目申请流程，研究人员最初只需提交少量申请材料，阐明研究思路和技术路径，就可能获得最高 70 万美元的初始资助，以吸引更多小企业参与国防高级研究计划局的科研项目。

五、创新科技组织模式为国防科技发展提供优秀创意和最佳方案

为营造全社会积极参与国防科技创新的浓厚氛围，充分激发全社会的创新潜力，美军采用挑战赛、众包等多种创新型组织方式，广泛调动民用创新资源，快速获取科技发展的优秀创意和最佳方案，有效提高国防科技协同创新能力。一是举办各类挑战赛，挖掘民用创新技术。美国国防高级研究计划局是开展挑战赛的典型机构，先后成功举办"无人车辆""机器人""频谱协同"等多种挑战赛，在无人驾驶、智能控制、无线频谱协作等技术领域取得了重要突破。2016 年，美国国防高级研究计划局举办的"网

络大挑战"，首次验证了机器自动修补漏洞防御网络攻击的相关技术，促进了网络防御自动化技术的发展。二是通过产学研合作汇聚优势研究力量。2013 年，国防高级研究计划局与美国半导体研究公司共同出资建立了半导体技术高级研究网络（STARnet），合作伙伴包括 IBM、英特尔等知名公司，共同资助优秀大学团队开展研究。该网络自成立以来，已发表了数千篇创新性理论成果，取得数百项新技术专利。三是采用众包方式加速协同创新。国防高级研究计划局在无人机研发、军用车辆设计等领域借助互联网平台，利用众包方式，在短时间内吸收全球研发人员和个人爱好者，实现全社会自组织协同创新，用几个月的时间就完成设计、仿真和子系统样机，并将有价值的成果转让给了国防与工业部门进行后续研发，大大加快了研发进程。

六、借鉴美军成功经验和有益做法，充分吸纳民用科技优势推动我国国防科技创新发展

当前，以信息技术为引领的技术创新急剧加速，某些领域民用技术发展比军事技术更为活跃和超前，科技发展呈现出军民交互促进的态势。在此背景下，美军广泛利用民用科技优势推动国防科技创新的做法，对我军具有重要的启示意义和借鉴价值。

第一，理念创新是国防科技发展的重要引领。长期以来，美军注重吸收借鉴民用高技术企业的创新思想、理念和文化，引领国防科技创新发展。我们要深入贯彻落实创新驱动发展战略和军民融合发展战略，积极吸收民用领域在顶层设计、领域发展、技术创新等方面的先进思想，不断创新国防科技发展理念，引领和激发国防科技创新活力。

第二，充分吸收全社会优势资源是国防科技创新发展的有效途径。美军坚持把国防科技创新融入全社会创新土壤，充分汇聚民间人才、成果、资金、信息、设施等资源，推动国防科技发展。我们要充分利用建设创新型国家的战略机遇期，走军民融合式科技创新之路，借助全社会创新活力和各类资源，不断提升军民科技协同创新能力。

第三，深化组织管理创新是国防科技创新发展的重要保障。美军注重学习借鉴全社会，特别是企业界高效、富有活力的管理制度和成功经验，不断调整优化国防科技管理模式和组织策略，有效提高国防科技管理效能。

我们要研究借鉴国内外先进的管理经验和做法，充分发挥市场经济条件下的新型举国体制优势，探索构建具有中国特色的新型国防科技组织模式和管理制度，有力推动国防科技创新超越发展。

（中国国防科技信息中心　谢冰峰　赵超阳　魏俊峰　张代平）

美国国防高级研究计划局的创新方式分析

美国国防高级研究计划局（DARPA）是引领美国国防科技创新的核心机构之一，自 1958 年成立以来，采取灵活组织管理方式，持续推进前沿技术研发，孕育出互联网、隐身战机、无人机等重大科技成果，成为美国国防科技创新的典范。

一、明确瞄准前沿和追求领先的使命责任

DARPA 诞生于 20 世纪中期的冷战环境中。1957 年 10 月，苏联发射了世界上第一颗人造卫星，美国在震惊于这一技术突袭的同时，也对自身科技管理体制进行了深刻反思，并于翌年 2 月成立 DARPA，主要负责前瞻性、可能形成突破性能力的先期技术研究，担负避免"敌方技术突袭"和谋求"对敌技术突袭"双重使命。DARPA 的成立具有划时代影响，它竭力避免自身成为官僚机构及陷入同三军争夺资源的内斗，同时将目标放至长远，瞄准尖端、前沿、颠覆性技术发展领域，寻求抢先获取未来技术而使美国形成同其他国家的技术代差。

50 多年来，DARPA 的使命始终如一，并随着时代变迁和研究领域拓展而更加明晰，主要职责包括：一是开拓新的国防技术领域，为解决中、远期国家安全问题提供高技术储备；二是研究分析具有潜在军事价值的新技术、高技术的军事应用潜力；三是对国防部长批准的跨军种重大先期研究项目进行管理；四是对各军种基于某些原因（风险过大、军种需求不明确）不愿支持的高投入、高风险、高回报项目进行先期研究和技术验证。例如，人造地球卫星、导弹防御系统的先期研究和技术验证均由 DARPA 负责，后期转交美国航空航天局和导弹防御局管理。

虽然 DARPA 的很多前沿基础研究在项目说明中描述出对人类社会的美好应用前景，但其本质仍是为军事目的服务，正如 2015 年 DARPA 的工作人员在未来技术论坛上所说，"我们做基础科学研究并不是目的……我们一直将工作重点放在开发能力上……我们工作的目的是支持作战部队。我们是美国国防部的一个业务局，对此我们感到非常自豪，我们的重点始终是（为作战部队）提供支持。"

DARPA 与三军研发机构等同类机构相比，使命定位特殊而重要。在定位上，三军科技研发管理机构重点开展满足军种近、中期需求的项目，DARPA 则定位于其他军种不愿从事或跨军种、高风险的中、远期尖端技术项目研发。在人员上，DARPA 总人数仅约 200 名，三军实验室均在千人以上（根据 2016 年最新统计，陆、海、空军研究实验室分别为 2300 人、1491人、10370 人）。在研究条件上，DARPA 只从事研发项目组织管理工作，没有自己的实验设施；三军实验室除开展管理工作外，还从事部分军内科研工作，具备相应的实验设施条件。在研究经费方面，DARPA 近年平均经费约 28 亿美元（2017 财年总预算为 29.7 亿美元），占美军国防科技经费比例约 23%，与各军种相应经费差别不大。

二、建立扁平精干和灵活高效的决策体系

为在激烈竞争中生存下来，DARPA 形成了由局长办公室、业务办公室构成的两级管理体系，与其他类似机构多级组织结构相比，这种管理体制大大缩短了管理流程和决策时间，提高了行政效率和反应速度，使国防高级研究计划局能够及时、灵活应对项目实施过程中的各类事件。

在 DARPA 组织体系（图1）中，业务办公室是中坚力量，主要分 3 类：一类是负责组织不同领域科研项目管理工作的技术办公室，目前包括国防科学办公室、生物技术办公室、信息创新办公室、微系统技术办公室、战略技术办公室、战术技术办公室 6 个技术办公室。技术办公室由办公室主任、副主任（或主任助理）及其下属的项目主任组成，项目主任负责组织和管理具体的技术研发项目；第二类是专项计划及技术转移办公室，主要从事临时性专项计划以及技术转移工作，目前包括技术适用执行办公室和航空航天计划办公室；第三类是为 DARPA 日常运营提供支撑的职能保障办公室，包括任务服务办公室、行政管理办公室、主计长办公室、合同管理办公室、人力资源办公室、小企业管理办公室、法律顾问办公室等多个办公室。

DARPA 的技术办公室经常调整变化，局长可根据各个时期工作重点与技术机遇的不同，解散或新建某个部门，以保持工作的灵活性和对新兴技术发展的快速反应能力。例如，为适应电子学、光子学技术的发展，以及微机电系统集成的需求，1996 年，DARPA 撤销原电子学技术办公室，在其基础上成立微系统技术办公室；2014 年，因预见到生物技术将成为未来国防科技发展的重点领域之一，DARPA 设立生物技术办公室，研究将生物技

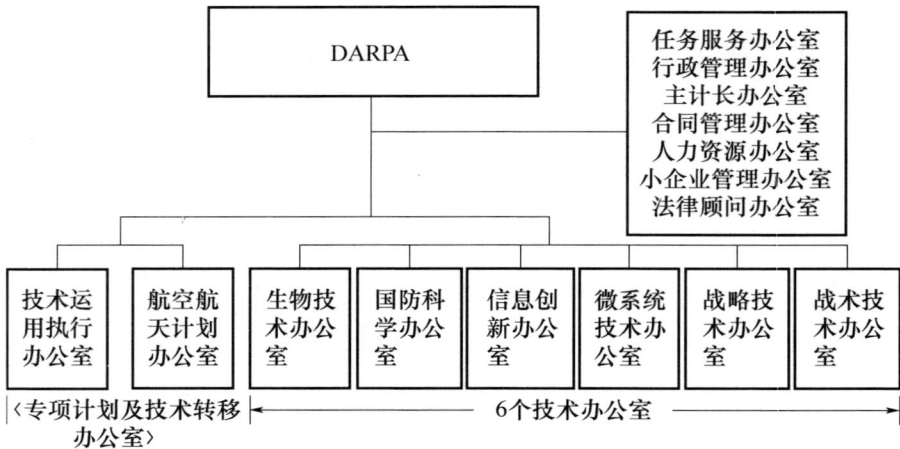

图 1　DARPA 组织体系

术应用到国防任务中，从而更好地保障国家安全。

DARPA 的决策体系灵活、高效。局长不受外界干扰，可自主选任项目主任，确定项目投资的优先顺序，增设、取消和调整研究项目，分配各项目预算。新思想的提出者只要说服局长，就可当场获准立项。DARPA 的项目主任在项目管理上有很大的决策权，如子项目和方案的取舍权、科研团队的选择调整权、资金预算的调配权等。

三、实行突破常规和开放竞争的项目管理

项目管理是 DARPA 的核心工作，项目主任全面负责具体项目的管理工作，是确保 DARPA 技术项目成功的最核心人员。经过 50 多年的发展，DARPA 形成了一套突破常规的项目管理制度，有力保障了项目的顺利运行。

（一）面向全社会优选项目主任

在 DARPA，项目主任享有项目管理的很大权限，是项目能否成功的关键因素之一。为了寻找最胜任的项目主任，DARPA 主要采用 6 种方式：一是各技术办公室根据领域方向和确定的研究项目，网上发布招聘广告，在全美范围寻找合适人选；二是直接将提出新概念或新想法的人聘为项目主任，在此方面，DARPA 通常对提出好想法的人先给予一定资金支持，并发给特别通行证，由其到军队等部门进一步调研需求，广泛寻找专家论证可行性，最后向 DARPA 报告有关情况，经审查认可后，即可聘为项目主任；三是根据各技术办公室现有项目主任的资历及特长从中任命；四是由现任或前任 DARPA 职员、专业人士、国防部官员等推荐人选；五是专业猎头公司遴选；六是从参与 DARPA 项目的科研人员中择优遴选，如 2012 年，在美国西北大学工作了 27 年的电子工程和计算科学教授普莱姆·库马因在 DARPA 项目研究与管理方面表现出色，被任命为项目主任。

为方便 DARPA 等机构招聘工作人员，美国《政府间人事法案》（IPA）等法规做出明确规定，为 DARPA 聘用非联邦机构（高校、科研机构等）人员提供了制度保障。目前，超过50%以上的 DARPA 技术人员通过《政府间人事法案》聘用，一般任期 3 ~ 5 年，从入职起，聘用期结束的时间就印在证件上，不断提醒项目主任及其同事完成重要工作的时间已非常有限。有限任期也激发了他们的工作热情，促使其为完成使命奋力工作。

（二）广泛征集项目方案

DARPA 始终坚持开放理念，从需求开始，就广泛征求各方意见。DARPA 主要通过实地调研军地有关部门来广泛获取需求信息，调研对象上至副总统、国防部长、联合部队司令部司令、国家安全局局长等，下至作战、科研与试验人员等。根据各方提出的需求，经听取国防部、工业界、学术界等专家意见，确定需要研究的项目。对于项目需求方案，DARPA 通过发布跨部门公告（BAA），向政府部门、大学、企业、研究机构等广泛征求信息，鼓励各方参与。首先项目主任组织对方案进行筛选，对初步符合条件的方案，要求提案人呈交更详细的方案；然后再对详细方案组织更为严格的评审；最后选定中标方案和中标方。此外，DARPA 还通过举办竞赛来寻求创新思想，无人车辆挑战赛、机器人大奖赛等赛事向所有个人和团体开放，推动了相关领域的重大进步。

（三）项目全程实施开放管理

项目启动后，DARPA 项目主任一般通过每周内部讨论会、每月子系统碰头汇报会、每季度联席会议，主导项目有条不紊地推进。其中，联席会议的主要内容是项目主任听取各个研究组的汇报，然后制定出下一阶段的研究计划。联席会议上，项目经理可以当场砍掉一个子项目，也可以新增一个子项目，还可以当场挪动各个工作组的预算。对于未通过评估的项目，通常采取 3 种处理方式：一是取消项目；二是为该项目追加经费继续进行当前阶段的研究（这种方法很少采用）；三是调整项目研究目标和团队。

DARPA 项目在进行期间，信息仍然公开，不同的技术团体可凭实力竞争加入，好的方案可以替代原有方案。例如，田纳西大学在 DARPA 超级计算机项目第一期申请经费未果，但在项目二期，由于优越的设计方案和测试结果，得到 6000 万美元资助。DARPA 平均每年大约有 20% 的技术方案被取代。DARPA 通过这种方式激励项目研究人员不断寻求技术进步。

四、利用多种渠道推动成果转化

DARPA 的研究成果大都具有高风险、创新性强等特点。为推动成果转化，DARPA 采用了多种转化方法和手段。

（1）将"转化"做为项目重要工作内容。DARPA 在项目设想阶段就考虑未来军事需求，在每个管理环节都考虑技术转化问题，精心制定技术转化计划；与军事部门、大学、工业界、政府实验室和联邦政府资助的研发中心保持合作，促进技术成果转移转化；为技术成功演示提供充足的经费。DARPA 还聘请专业机构研究转化问题，如在 2014 年"试验型空间飞机"（XS－1）项目中，DARPA 授权空间前沿基金会开展研究，该基金会经过半年多的研究，广泛寻求商业转移策略，于 2015 年初向 DARPA 提交最终报告，其中包括成果转移策略建议，XS－1 结束第一阶段合同后，DARPA 将这些建议集成到对 XS－1 的未来计划中。

（2）聘请现役军官作为"作战联络员"。各军种、国防信息系统局和国家安全局派驻作战联络员到 DARPA 局长办公室工作，参与制定 DARPA 技术研发计划。作战联络员通过组织会议和其他活动，使 DARPA 项目主任和作战人员有机会面对面交流，使项目主任能更好地了解作战人员需求，也能让作战人员更好地了解未来的技术机遇。目前，陆、海、空三军以及海军陆战队都在 DARPA 派驻了作战联络员，DARPA 任命他们担任局长特别助理。

（3）实施军种参谋长见习计划（SCFP）。各军种派遣人员到 DARPA 见习 3 个月，使他们对 DARPA 的计划和业务方式有比较深入的了解。这些见习人员也可帮助 DARPA 管理人员更好地了解现有的军事能力和作战方式。过去 7 年，来自各军种的 200 名军官参与了 DARPA 工作。

（4）向作战部队派驻人员。DARPA 向各军种和联合作战司令部派送自己的联络员，以加强与部队的联系，促进新技术向美军作战部队转化。例如，向美国佛罗里达州西部坦帕的特种作战司令部派遣联络员，目的是使新技术最快捷、最大限度地转移到特种部队。

（5）成立技术适用执行办公室（AEO）。建立作战人员和 DARPA 人员的密切联系，通过评估自己的优势和不足来促进技术成果的转化，并跟踪了解 DARPA 成果的应用成效。

（6）成立联合机构推动成果转化。DARPA 成立的专项计划办公室有力推动了相关成果的转化工作。如 2015 年初，DARPA、海军和空军联合成立远程反舰导弹（LRASM）部署办公室（LDO），全力推进远程反舰导弹技术验证与转移工作。当年 12 月，海军接管 LDO 管理工作。2016 年初，海军成立"海事加速能力办公室"（MACO），寻求建立采办"快速通道"。为与 DARPA 对接，海军将 LRASM 作为办公室首批两个快速采办项目之一。至 2016 年 6 月，DARPA 已将 LRASM 项目正式转交海军，由海军继续推进 LRASM 尽快形成战斗力。

此外，DARPA 对基础技术、部件和小型系统级技术，以及大型综合系统级技术等不同类型研究成果，采取相应的转化流程，以提高转化的针对性和效率。

五、追求卓越独具特色的创新文化

DARPA 的文化土壤鼓励幻想、宽容失败、推崇打破常规的创新思想，很多疯狂、激进、冒险，甚至被视为错误的想法最终都在 DARPA 孵化为"游戏规则改变因素"。

（一）鼓励敢于幻想

DARPA 被外界称为疯狂科学家大本营，专门为"那些拥有疯狂的、激进的、冒险的，甚至被视为想法错误的人提供场所"；DARPA 还经常邀请科幻小说家提供最新创意，2013 年的"阿凡达"计划就是受同名科幻电影启发。DARPA 鼓励大胆想象和预测未来的作战需求，鼓励提出不同寻常的新思想、新概念，甚至是异想天开、天马行空的想法，只要这些新思想、新概念不违背基本的科学原理，DARPA 就给予支持。如 1973 年 DARPA 提出无人机项目时，曾被一些人讥讽为 DARPA 的幻想。时至今日，无人机已经成为美军事作战体系中不可或缺的关键系统。DARPA 现任生物技术办公室副主任巴里·帕洛塔对此总结称，"任何想法都不会被认为是疯狂的。得到的反馈也永远不会是：'那是不可能的。'我们会说：'你打算怎么做？怎样能够达到目的？写下实施步骤。'"比起风险和要求太高的项目，那些不够前瞻的想法更可能会被拒绝。

（二）包容探索失败

DARPA 能够正视科研中的失败，如果失败是因目标过于远大而非管理不善，同样具有正面意义。现任信息创新办公室主任约翰·兰彻百利指出："失败并不意味着整件事情都错误。即使最终结果并不是所期望的，在此过程中开发的技术也可能会有很大价值。这些技术回馈到科研生态系统，由此产生一些新的认知。"对于 DARPA 而言，"不可能"仅仅是挑战，而不是通向成功的障碍。在 2008 年成立 50 周年经验总结中，DARPA 认为，其之所以能够完成全球定位技术、隐身技术、网络技术、无人机技术等美国最具创新性的技术突破，成功的关键在于允许失败，"无论最终的结果如何，都竭力追求最超前的概念，并给予灵活且充足的投资"。

（三）注重激发创新

DARPA 成功的关键在于不断激发项目主任和研究团队的创新活力。项目主任是 DARPA 的灵魂和核心，为了不断输送新鲜思想，DARPA 规定项目主任任期一般为 3 ~ 5 年，使项目主任在时间短、创新压力大的情况下，最大限度激发内在动力和创新活力。**DARPA** 始终坚持全程开放理念，从征集方案开始，就一个研究主题选择多个团队竞争开展研究，只要发现新的技术方案更有利于项目目标的实现，会取消原来的技术方案，吸纳新的技术方案，项目始终处于永不停止的创新和重塑过程。

（中国国防科技信息中心　魏俊峰　赵超阳　冯靖　谢冰峰　齐卓砾）

国防高级研究计划局采取多项举措
推动管理与技术创新

美国国防高级研究计划局作为美军落实"第三次抵消战略"的核心机构之一，在持续推进前沿技术研发、竭力维持美军未来技术优势的同时，还依据不断变化的环境，从加强总体统筹、强化协同研究、营造创新环境等方面着手，进一步加强业务管理，强化与军种部门、小企业在国防科技创新活动中的紧密联系，以维持其引领国防科技创新的核心地位。

一、加强总体统筹协调，重视增加具备作战背景的高学历人才

2016 年初，美国国防高级研究计划局做出重大调整，在局长办公室增设 1 名参谋长。参谋长主要负责为局长和副局长实施战略统筹和管理提供决策支撑，评估预期和现行项目的技术水平与风险，并为整个国防高级研究计划局的规划编制与业务运行提供指导、监督和协调。首任美国国防高级研究计划局参谋长拥有博士学位，具有宇航工程和系统工程专业背景，曾在美国空军服役 25 年，担任过空军科学、技术与工程助理部长帮

办办公室军事帮办，为空军每年约 20 亿美元的科技项目提供政策指导和咨询建议。

除此之外，局长办公室还设立 4 名军种局长特别助理，均拥有至少一个硕士学位并参加过实战。其中，海军局长特别助理专业背景为工业工程、作战研究、国家安全与战略研究，曾在多艘舰艇上服役，指挥过"卡尼"号驱逐舰。空军局长特别助理专业背景为工商管理和战略研究，并曾在空军和陆军院校进修，是特级飞行员，拥有 F－16、F－35A 等战机的飞行经验。陆军局长特别助理专业背景为军事科学、联合战役规划和战略，曾在阿富汗和伊拉克服役，历任多个参谋和指挥官职务。海军陆战队局长特别助理专业背景为国际关系、国家安全与战略研究，曾派驻日本冲绳、伊拉克、法国等地区和国家，担任过海军陆战队作战实验室计划主管和分舰队指挥官。

二、加强与军种协调沟通，注重技术转化与能力部署

通过新增设与军种合作的专项计划办公室和技术转移办公室，国防高级研究计划局加强了与军种的沟通及合作，协同开展面向实战的各类项目研究。

此外，美国国防高级研究计划局还通过合作研究项目，强化了与各军种实验室的沟通与合作。例如，与海军研究实验室合作"战术侦察节点"和"支架植入式电极"项目，与空军研究实验室联合开展了"高能液体激光区域防御系统"和"为智能弹药开发新型导引头"，与陆军合作研究利用增强现实技术打造未来"超级战士"等。

三、营造科技创新环境，引导中小企业广泛参与

一是简化项目申请流程，为中小企业进入国防科技领域提供便利。一般情况下，美国国防高级研究计划局生物技术办公室通过发布"广泛机构公告"的方式征集项目方案，相关过程比较繁琐，降低了吸引科研人员进行生物学与技术交叉领域前沿创新研究的积极性。对此，美国国防高级研究计划局生物技术办公室新建立了一套简化的项目申请流程，免除了项目申请过程中的繁文缛节。根据简化后的申请流程，研究人员前期只需提交2页申请材料，阐述其研究思想与理念，就可能获得最高70万美元的初始资助。

二是设立专门项目，引导中小企业广泛参与。美国国防高级研究计划局2016年设立了"机器人快速通道"项目，致力于帮助那些从事机器人技术开发但缺乏资金的小企业和个人加入到国防部的技术开发队伍中，以更大范围地聚集机器人领域的优秀研究力量，巩固美军在机器人领域的技术优势。

四、挖掘新兴商业技术，识别可能产生"技术突袭"的新兴技术

新兴商业技术的快速发展促使潜在对手可能利用这些技术发展新的作战能力，通过"技术突袭"给美国国家安全带来潜在威胁。国防高级研究计划局以往通常只邀请某一领域专家研判研究领域内的技术发展前景，存在视野狭窄的弊端。为了快速识别、利用可能对美国产生"技术突袭"的新兴商业技术，国防高级研究计划局改变以往研究模式，组建由各个领域专家组成的综合研究团队，以各自专业的角度去判断当前众多技术中有哪些可能产生安全威胁，并探讨其快速转化的可能性。2016年3月，美国国

防高级研究计划局启动 Improv 项目，该项目将探索通过快速样机制造和开放源代码，将商业现货集成或转化为先进军事技术和能力。在项目实施过程中，考虑邀请工程、生物和信息技术等各个领域专家，研究如何将快速获取的硬件、软件、程序和方法，用于创建可能对未来国家安全造成威胁的产品或系统。这种利用成熟商用技术、广泛专家参与的工作机制和快速、经济的运作方式，将极大提高技术发掘和识别的效率。

五、推动人机协作和智慧集聚，提升国防科技创新效能

为将人类认知能力的优势与智能机器的独特能力有机结合，建立能适应环境迅速变化的智能团队，美国国防高级研究计划局于 2016 年 11 月 28 日宣布启动"敏捷团队项目"，致力于发现、试验和验证数学方法，在多种国家安全的背景下优化形成敏捷人机交互团队，从根本上挑战当前的人机智能系统的设计模式。

该项目不仅关注研发新型人工智能技术，而且注重研发优化智能机器与人类共同协作的模式。解决复杂环境中出现的问题一般超出个人的能力范畴，而人机协同的团队则能有效解决问题。敏捷团队还可应对在非作战应用领域的复杂挑战，如科学与药物发现、软件工程、后勤规划、先进硬件工程和智能预测等。未来团队中的智能机器不仅能提供自动化的解决方案，而且能充当促进团队成员决策和互动的协调员，从而优化团队效能。敏捷团队还可用于国防高级研究计划局同类研发项目，如"竞争环境下的弹性同步规划与评估"（RSPACE）"否认环境中的协同作战"（CODE）"分布式作战管理"（DBM）和"体系综合技术与试验"（SOSITE）等项目。项目专注于利用数学方法，设计最优的人类与智能机器的混合团队，将利用

试验测试平台在动态而复杂的问题背景中进行验证。

2016 年 11 月 30 日，美国国防高级研究计划局启动战略突袭游戏化平台（GS3）项目，把在线游戏与社交媒体技术合二为一，把大量专家和见解汇集到平台上进行交流，可以快速识别、分析和解释新兴科技的潜在影响和用途。该项目还将建立快速确认和资助机制，为交流过程中发现的研究课题提供快速资金支持。国防高级研究计划局将利用这一平台，最大限度地吸引各领域创新思想。

附美国国防高级研究计划局发布《国防高级研究计划局的创新》报告

2016 年 7 月，美国国防高级研究计划局发布《国防高级研究计划局的创新》报告，对过去一段时期内的创新活动与成效进行总结。此份报告无论是发布时间，还是具体内容，都与美国国防高级研究计划局之前发布的总体性文件有较大差别：一方面展示了美国国防高级研究计划局先进的管理理念和经验；另一方面也折射出其当前面临的发展环境正在发生深刻变化。

与两年一度的报告不同，《国防高级研究计划局的创新》并不是对未来重点技术领域发展进行规划，而是对美国国防高级研究计划局多年来的创新经验进行了总结提炼，从历史、文化、内部机制等不同侧面，剖析了美国国防高级研究计划局多年来如何能在屡遭非议的情况下，突破传统思维，创造一个又一个奇迹和举世瞩目的成就。

一是创新作为核心发展理念。报告的正文部分共 46 处提及创新，从培育创新主体、开发颠覆性技术、促进成果转化等方面，反复强调"使命即创新"。美国国防高级研究计划局自成立以来，一直秉持创新理念、坚持首创精神，不曾动摇，围绕着"压制对手的技术突袭，并给对手制造技术突袭"这一创立初衷，在紧迫感中培养冒险精神，不顾一切、毫无保留地创造出带着闪光点的方案，发展具有前瞻性和满足未来军事需求能力的先进技术与系统，富有想象力和创新性，尤其是高风险、高回报、能为美军带来"革命性"优势的项目，运用创新思维和创新管理，将新思想和新技术转化为美军所需的军事能力。

二是机制设计保证持续创新。美国国防高级研究计划局独特的项目主任是其保证创新的重要机制，此份报告用了近1/3的篇幅介绍国防高级研究计划局项目主任，重点阐述了聘任方式、任期、职责和权限，强调了项目主任对保障项目进展及美国国防高级研究计划局的持续发展所起到的重要作用。在选人上，美国国防高级研究计划局要求项目主任具备"有洞察力的决策能力、有执行力的组织能力、有激发力的沟通能力、有亲和力的督导能力"等特点，在3~6年的任职期间，全权负责项目指挥调度、沟通协调、经费使用、计划安排等工作。同时，美国国防高级研究计划局一贯重视科技成果转化应用，强调创新技术只有应用，才能实现用最具创新性和前景的新想法改变世界。美国国防高级研究计划局的每位项目主任在项目启动之初直至项目成功转化的全寿命过程中，都将"转化"的目的贯穿始终，努力搭建起新技术从成功演示迈向商业开发和实际应用的桥梁。

三是营造文化氛围激发创新。为激发创新活力，美国国防高级研究计划局采取了多种措施营造崇尚创新的文化氛围。美国国防高级研究计划局敢于突破传统官僚主义作风，赋予其工作人员自主权。美国国防高级研究计划局的合同管理人员、律师、人力资源主管、财务助理和各类保障人员坚持"把事情做好"作为基本信条，采取扁平化管理，消除了各个层面繁琐的批准和报告程序，把重点放到任务上，而不是盲目遵守内部规则和流程，努力推动管理创新，进而激发科技创新活力。美国国防高级研究计划局还不断简化管理中不必要的繁文缛节，在合同方案中采用一些灵活条款，加快项目进展进度，宽容失败，最大程度地吸引中小型创新企业与其合作。

自"第三次抵消战略"公布以来，美国国防部掀起了新一轮的创新热潮，各类创新指导文件、管理机构和具体举措相继亮相。《国防高级研究计划局的创新》在这样的背景下发布，也折射出当前美国国防高级研究计划局面临的发展环境正在发生深刻变化，即创新竞争不断加剧，未来政策导向不明，因此必须通过创新来谋求新的发展机遇。

一是在历史成功经验基础上突出强调创新。《国防高级研究计划局的创新》出台的首要原因就是要强调创新对于国防高级研究计划局生存发展的重要性。60多年来，美国国防高级研究计划局在饱受非议的夹缝中一路发展壮大，正是由于其摒弃了增量式的发展模式，聚焦于颠覆性技术与革命性创新。国防高级研究计划局必须进一步发扬和拓展其成功经验，以巩固和提升其在国防科技领域的引领作用。

二是在未来不确定情况下展示创新能力。当时，整个美国都处在大选的十字路口，总统大选激战正酣，联邦政府处在更迭前夕，未来的科技政策以及国防部对技术发展的战略、投入、模式等都不确定。同时，现任美国国防高级研究计划局局长普拉巴卡尔任期即将结束，此份报告既是对国防高级研究计划局过去近60年的发展进行总结，也是对自己任期工作的一个总结。在这种情况下，美国国防高级研究计划局通过总结历史、梳理经验来展示自己的创新能力。一方面谋求对未来政策导向施加影响；另一方面也为继任者提供参考，持续推动国防高级研究计划局的创新。

三是在创新竞争加剧环境下谋求发展机遇。在"第三次抵消战略"引领下，创新的口号响遍美国国防部，战略能力办公室、国防创新试验小组、军种实验室、项目管理部门都在不断强化自身的创新能力，创新竞争的局势空前加剧，美国国防高级研究计划局已经不再是美军一家独大的创新支柱。此份报告也是美国国防高级研究计划局对其自身能力和优势的展示，以争取国防部的资源与支持，谋求新的发展机遇。

（中国国防科技信息中心　冯靖　魏俊峰　谢冰峰　齐卓砾）

我国台湾成立仿 DARPA 机构

一、台湾成立仿 DARPA 机构的时代背景

DARPA 是推动美国国防科技创新的核心机构，孕育出大量重大科技成果，并通过转化应用带动了国家科技与经济发展。据统计，DARPA 互联网、GPS、Siri 等技术成果的成本收益比分别达到 875000 倍、11667 倍、2800倍，军事与经济效益显著。台独势力成立台湾 DARPA 的构想由来已久。早在民进党第一次"执政"时期，台湾防务部门即已展开针对 DARPA 的深入研究。2005 年，台湾"国防部"曾提出组建台版 DARPA 的设想，试图通过发展尖端"国防科技"，增强"国防实力"，为以武拒统增加砝码，但其后因陈水扁当局的种种丑闻持续发酵，成立台版 DARPA 的事情不了了之。

马英九当局"执政"后，大力缓和两岸关系，在军事上主要通过装备而非自制来弥补两岸间的军事实力差距。一些重大项目如主要针对大陆的"雄风"－3 远程导弹在完成试验鉴定后并未进入生产阶段而被搁置。蔡英文当局"执政"后，拒不承认"九二共识"，坚持走柔性台独路线，意图重

启"雄风"－3 超声速导弹的研发与批量生产。根据相关报道，射程超过300 千米的"雄风"－3 导弹将于 2017 年中期完成测试，2018 年开始批量生产，未来将部署在台北附近的山上，其射程可覆盖整个台湾海峡。蔡当局还提出"国舰国造""国机国造"计划，意图自行研制战机和各类舰艇，增强与我军事对抗实力。在此背景下，曾在美苏激烈对抗的冷战时期取得巨大成功的 DARPA 再次进入民进党视野，蔡英文当局为实现台独正进行全新的尝试。

二、台湾仿 DARPA 机构的编成

机构设置方面，台湾"国防部"本部现设有"战略规划司""资源规划司""法律事务司"和"整合评估司"4 个业务司。"国防科技处"将在"资源规划司"下属的"科技企划处"基础上组建。"国防科技处"的业务指导单位是"国防科技产业发展委员会"，将由现行的"国防科技发展推行会"（简称"国推会"）在年底前改组而成，改组后负责人职级更高，由台湾"行政当局"的"国防部""经济部"和"科技部"3 个部委的部长或是科技政务委员（台湾"行政院"决策机构由院长、副院长、政务委员组成，通过召开"行政院"会议，制定最高"行政决策"）担任负责人，有效整合台湾科技预算和"国防"预算，全力推动民进党当局大力推行的"国机国造"和"国舰国造"等防务计划。未来台湾"国防部"将根据"国防科技处"运行情况决定是否在 2018 年将其提升为"国防部"直属的"国防科技室"，接受政府体系和"立法院"监督。

人员选聘方面，台湾"国防部"规划，"国防科技处"处长将从台湾高校或"科技部"人选中选任，副主官为军职，职级为少将，"国防科技处"

将大力引进民间人才，从业界寻找项目经理人。项目经理人将3年一聘，初期规划聘用23位有博士学位且在业界有经验、对"国防科技"有热情的人员，项目经理人的薪资将不低于企业界，预计2017年年中完成遴选，10月份聘入专业经理人。

预算方面，"国防科技处"预算初步规划新台币30亿元（约合6亿元人民币，2017年台湾"国防预算"为3004.6亿元新台币），全力推动潜舰科技等自行研发，发展颠覆式创新技术与不对称作战能力，加速"国防科技"产业化，但根据台湾预算流程，2017年台湾防务预算已经确定，因"国防科技处"为临时规划成立单位，2017年的预算不会太多，待正式将该处编列预算后，"国防科技处"预算有望逐步达到30亿元新台币水平，未来还有可能持续增加。

三、台湾成立仿 DARPA 机构的影响分析

未来台湾"国防科技"工作将得到加强，军民融合更趋紧密。在其上级领导层，"国防科技处"的业务指导部门——"国防科技发展推行会"将更名为"国防科技产业发展委员会"（简称"科产会"），负责人将来自"国防部""经济部"或"科技部"三个部会，或是由科技政务委员亲自担任。在"国防"系统与经济体系之间，"国防科技处"将发挥桥梁纽带作用，在为军服务的同时，也会致力于产业化工作，反哺台湾民用经济。"经济部"将会对军民通用技术进行审查，提出自己的需求，同时采用政策工具及奖励措施来支持技术转化。"科技部"则致力于促进学术研究机构参与"国防科技"发展，协助推动"国防科技"基础与应用研究学术合作。这将使"国防科技"与经济产业、民用科技在政策协调、宏观统筹等方面更加

顺畅，有助于"国防科技"与民用科技体系的充分融合，还有助于军民科技体系与经济体系的协调对接，对台湾"国防科技"发展以及带动"国防产业"发展具有非常重要的意义。

在管理层，未来"国防科技处"不仅致力于发展颠覆性技术、增强台湾科技"自主创新"能力（研发挑战项目），还将统合各类"国防科技计划"，统管军民通用技术、"国防科技"重大专项（研发专案），以及产学合作计划等。"国防科技处"还将建立信息公告与交换平台，形成"由上而下、需求引导、目标导向"机制，使"国防科技"来源多元化并减少无效投资。

在实施层，"国防科技处"将加强对台湾"中科院"的管理。目前，台湾"中科院"是"国防科技"最主要的研发机构，但研究项目管控不佳，今后，"国防科技处"将通过设立有效机制，提升台湾"中科院"研发效能。

（中国国防科技信息中心　马爱民　蔡文君　魏俊峰　谢冰峰）

美军三军研究实验室科技创新与管理

　　美军三军研究实验室是美国国防科技创新发展的主体力量。2016 年 9 月 28 日，美国众议院军事力量委员会新型威胁与能力分委会举行听证会，陆军研究实验室代理主任菲利普·普康提博士、海军研究实验室代理研究主任爱德华·弗兰基博士、空军研究实验室负责人罗伯特·麦克墨菲少将等军种科技创新机构负责人做系列发言。其中，陆军研究实验室负责人主要阐述了本机构在"推动科技发展，服务美军士兵"方面扮演的角色，海军研究实验室负责人主要阐述了本机构在"通过科学和工程创新支持军事行动"方面做出的贡献，空军研究实验室负责人主要阐述了本机构在"瞄准未来能力，执行空军科学研究战略"中发挥的作用，以及各机构在推动美军科技创新方面采取的重要举措，受到各方关注。这些证词既阐明了三军主体研究机构的使命职责，又体现了这些机构近年创新发展的措施重点，也反映了美军科技创新管理的趋势特点。我们以这三份证词为基础，进行了研究分析。

一、推动军种科技创新的核心力量——美国陆军研究实验室建设

（一）坚持服务作战职能定位，推动陆军科技创新发展

　　陆军研究实验室是美国陆军最主要的综合性国防科技创新机构，于

1992 年 10 月成立，其前身可追溯至 19 世纪初，由原隶属于陆军装备司令部的 7 个研究实验室和其他相关的陆军研究机构合并而成。

陆军研究实验室的根本使命是为美国陆军提供彻底改变其当前和未来作战能力的技术，在陆军科技创新体系中肩负着推动探索、创新、促进技术转变的任务。成立以来，专注并致力于提升陆军及联合部队的军事力量，减轻士兵负担，并为他们提供保护。其各类创新性科技成果对陆军的发展与建设发挥了重要作用，保证了陆军能够在兵力部署、信息技术、生存能力与致命性分析等领域迎接挑战，抓住机遇。

陆军研究实验室作为科技创新机构与陆军作战部队之间的桥梁，为美国陆军提供科学研究、技术开发和分析服务，为作战人员提供最先进的技术，并开展相关领域的探索性研究与先期技术开发。其主要研究范围包括基础研究、应用研究和技术转化等。其中：在基础研究领域主要包括生物仿真、纳米科学、智能装备与结构、致密能源、微型多功能传感器等；应用研究领域主要包括生存能力、武器致命性、机动性、传感设备、C^4I 技术、作战保障、战争中的人力因素、模拟与仿真等；技术转化方面的工作，主要是将某些具有商业价值的军用技术转为民用。

（二）不断优化人员编制结构，有效保障创新工作落实

随着时代的发展，未来战争的不确定性因素逐渐增多，战争环境更加复杂，这对科技领域的协同创新提出了更高的要求。陆军研究实验室正尝试采取新的业务模式、用人机制，广聚社会各界的创新人才，有力推动联邦政府、学术机构和产业界的持续合作与交流。

目前，陆军研究实验室共有 2980 名雇员，包括现役军人、文职人员及合同制人员，其中 1849 名文职人员中包括 1316 名科研工程人员。2014 年，陆军研究实验室提出要增加高学位技术人员的比例，目前已拥有 150 名博士后研究人员，相较于 2014 年的 48 名及 2015 年的 94 名有大幅增加。同时，通过良好的职业规划，实验室还聘用了 461 名女性员工和 135 名退伍军人。在广泛吸纳人才的同时，陆军研究实验室也为雇员的能力提升提供了有利条件，通过军内研究项目带动其学术能力发展，陆军研究实验室还向学术界领军人才提供资助，截至目前已资助约 30 名科学家获得诺贝尔奖。

作为国防部科技创新实验室，陆军研究实验室在政策、制度上具备广纳人才的优势，通过直接聘用授权（DHA），吸引、培养和任用全美最优秀、最杰出的工程技术人员。在过去两年中，陆军研究实验室在神经科学、电子学、计算机科学、材料和航空航天工程等关键领域聘请了 256 名物理学家、生物学家、化学家、数学家和社会学家等各类技术人员。

（三）创新管理运行机制建设，持续提升科技创新效率

陆军研究实验室采取灵活有效的机制，面向社会全力推进创新，寻找科技创新的突破点，提升创新效率。

一是采用协同合作机制。陆军研究实验室与陆军各研发工程中心形成陆军科技实验室体系，前者开展高风险密集型工程项目，后者为现有获批计划提供支持，两者通过合作制定同步计划，以满足陆军需求。此外，陆军研究实验室在国防部相关机制的统一协调下，与其他国防部实验室开展广泛合作，加强国防部科技战略的协调和技术机遇的分享，避免重复建设，促进部门之间相互支持。

二是建立广泛的沟通机制。采用"开放园地"的商业模式，聚焦现代化人员管理和政策、与伙伴共享设施、培育企业家创新文化三大方面问题。在该模式下，陆军研究实验室科学家与学术界、政府以及工业界同行并肩作战，使陆军研究实验室及合作伙伴的设施得到充分利用，带动美国国防实验室从封闭式研究模式向相互依赖、相互合作的研究环境转化。

三是积极吸收民间力量。陆军研究实验室在科技较为发达的美国西海岸地区设立西部办公室，在仿真与训练、电子技术等领域，与民间机构开展更密切的合作，直接使作战人员获益。同时，陆军通过举办创新峰会寻求新的想法，以此聚焦陆军、国防部、工业界和学术界的协作。

（四）开拓优势创新技术领域，支撑陆军作战能力提升

瞄准未来复杂作战环境，陆军研究实验室重新聚焦于颠覆性创新领域，制定了明确的科技发展与管理战略——《陆军研究实验室研究管理和领导战略》。在该战略的引导下，陆军研究实验室构建了实验室科技投资的基础框架，确定了未来至关重要的科学、技术和分析领域。陆军研究实验室还制定了长期科学发展规划，具体包括八个重点研究方向，即面向社会的基础研究、计算机科学、材料研究、演习科学、信息科学、杀伤性和保护科学、人类科学以及评估与分析。同时，为实现2050年军队科技目标提供支持，落实国防部"第三次抵消战略"，还确定了九大关键研究领域，包括人机协同运作、人工智能和机器学习、面向复杂环境的网络和电磁技术、竞争环境中的分布式和协同作战、战术单元能源独立、利用故障物理学达成材料的稳健性能、随时随地制造科学、打造稳固的响应军队速成学习法以及新发现。此外，陆军研究实验室鼓励各团体组织、学术界和产业界之间进行跨部门研究与合作，通过与相关方进行充分沟通协调，共同确定技术缺口，优先发展弥补缺口的研究，确保为作战提供有力支撑。

二、推动海军科技创新的核心力量——美国海军研究实验室建设

（一）体系布局技术研究领域，推进海军科技创新发展

海军研究实验室成立于1923年，是海军国防科研的主体，承担海军绝

大部分国防科研工作，成立伊始就围绕海军作战任务，通过长期研究与开发工作，帮助打造美国海上力量。海军研究实验室最初的研究领域主要涉及海军应用材料和能源材料，随后的研究重点逐步扩展至航空航天领域，在海洋学和大气研究实验室并入后，海军研究实验室成为海军唯一的综合性实验室，研究项目扩展至海军所有学科领域。

海军研究实验室聚焦于海军建设中远期需求，致力于革命性、颠覆性技术研发，促进技术成果转化，以打造更高效的军事作战系统。海军研究实验室始终秉持跨学科研究、持续发展等理念，积极开展多学科科研和先进技术开发项目，以获得创新及改良的材料、技术、装备和系统，实现海洋、大气、空间等科技的海事应用。

海军研究实验室按研究领域下设四个部门：海军与大气科技部、系统部、材料科学与设备技术部以及海军航天技术中心。其中：海军与大气科技部负责声学、远程感知、海洋学、海上地球科学等方面的研究；系统部运用基础研究、概念开发和工程发展来扩展作战能力，并向舰队和海军陆战队提供支持；材料科学与设备技术部进行理论和实验研究，发展基于新材料的先期部件，以满足海军对先进平台、电子学、传感器和光子学的需求；海军航天技术中心负责发展空间飞行器，以及操控空间飞行器的系统和地面控制站。

（二）采取多种人事政策措施，有效保持团队创新能力

拥有世界一流的科研团队是海军研究实验室保持高水平研发能力的关键因素。目前，海军研究实验室共有各类人员约 2600 人，其中，科研工程人员 1567 名（包括 870 多名博士，170 多名博士后研究人员）。2011—2015 年，海军研究实验室科研人员共发表 4193 篇论文，被引用次数达 40857 次，获得 546 项专利，发布 513 项发明。

为保持卓越团队和创新活力，海军研究实验室采取多项措施引入"新鲜血液"。除了常规招募手段，主要借助三项计划吸引和扶持人才：一是"海军创新科学与工程计划"，为毕业一年内（无论什么学位）、平均成绩在3.5以上、卓有成就的科学家和工程师提供资助；二是"实验室演示计划"，旨在打破传统低效人事制度，采取更灵活的聘用制度和激励机制，吸引和保留人才；三是"直接聘用授权计划"，通过国会授权，使海军研究实验室可以直接雇佣科研人员。为充分保障科研人员的职业发展，广泛吸引人才，海军研究实验室设计了多种类型的培养项目，包括海军研究实验室雇员项目、继续教育、专业人员发展等。此外，海军研究实验室尤为重视高中生、大学生等未来科研人员的培养工作。高中生可通过"科学与工程学徒计划""海军研究体系实习计划"等有偿实习机会，了解海军科学和技术环境，本科生、研究生和博士生通过实习计划导师指导，可获得实践经验和研究技能。

（三）建立完善相关运行机制，持续提升科技创新效率

海军研究实验室的高水准创新能力离不开其内部科学高效的运行机制。一是行政与科研双线管理，保证研究质量和运行高效。海军研究实验室采用两位主官分工负责的管理模式：实验室研究主任由高级文职科学家担任，确保各项业务决策专业、科学，促进实验室研究质量和能力水平持续提升；实验室指挥官由军职人员担任，有效协调与作战部门和相关用户的关系，确保先进科技成果有效满足海军需求。二是积极与其他科研机构交流互动。仅2012—2014年间，海军研究实验室与海军其他科研机构开展的互动活动就多达500余次，包括针对特定任务和课题成立的小组及委员会、联合研究和合作资助等。同时，在国防部相关机制下，海军研究实验室还与其他国防部实验室开展广泛合作，加强国防部科技战略协调和信息分享，避免重复建设，促进相互支持。三是履行合作研发协议。在该协议下，海军研究实验室与工业界、学术界以及其他联邦机构研究人员开展协作，与国防部有关机构共同资助创新企业，促进海军研究实验室技术向政府部门和商业领域转化，推动科技创新。

（四）聚焦于未来作战能力需求，抢占军事技术发展先机

2015 年，海军研究实验室的上级主管部门——海军研究办公室发布新版《海军科技战略》，旨在针对美国海军未来作战能力需求，引领海军科技发展方向，平衡、管理海军科技投资，促进海军科技创新向作战能力转移。该战略明确海军研究实验室科技计划聚焦的九大领域，包括远征与非常规作战、自主与无人系统、确保海战场介入、平台设计与生存能力、制信息权、电磁机动作战、动力与能源、力量投送与综合防御、作战人员能力。同时，为应对区域冲突和不确定未来战争，落实国防部"第三次抵消战略"，海军研究实验室还重点关注网络和太空能力、无人系统、定向能、水下作战、高超声速和机器人技术等前沿技术。尤其是在激光武器和电磁导轨炮领域，海军研究实验室取得了近几十年来最具革命性的创新成果，将非相干合成高功率光纤激光器作为美国海军新型激光武器系统的基本架构，并进行了模拟仿真。2014 年，美国军舰庞塞号搭载激光武器系统在波斯湾部署。测试时，它击落了一架无人机并摧毁了海上移动目标，而每次射击成本不到 1 美元。海军研究实验室 2003 年启动的电磁导轨炮计划，现已成为用于远程火力支持和舰艇防御的超速电子武器的重要组成部分。

三、美国空军瞄准未来能力的重要推手——空军研究实验室科技管理

（一）统管空军国防科技发展，提升空军作战能力

空军研究实验室隶属于美国空军装备司令部，是空军国防科技的统领

单位，它统管美国空军作战相关技术的创新研究与发展，并负责空军科学与技术项目的规划和执行，是美国空军在太空、近空和网络空间保持技术领先的重要技术保证。因此，空军研究实验室也被誉为空军的"创新引擎"。

空军研究实验室由位于俄亥俄州赖特—帕特森空军基地的四个空军实验室和空军科学研究办公室的相应机构合并而成，并拥有先进的研究实验室和测试设备，在全国八个区域设有研究机构，聚焦于空军的 12 项核心功能，发展最前沿的科学研究，以满足美国空军在构建未来作战能力方面的需求。同时，通过新成立的战略开发规划和实验办公室，对能力合作团队（其负责对空军当前和未来的需求提出解决方案）提出的方案进行评估，从而促进空军在优先级别最高的任务领域进行真正创新的战略性选择。

面对愈加复杂的战场环境，空军研究实验室以"革命性、实用性、灵敏性"为工作主旨，聚焦于颠覆性技术，期望通过技术研究维持作战优势；结合空军近、中期需求，通过技术研究填补指挥官和士兵近期和中期的能力差距；探索创新性技术方案，提高即时响应程度，短时期内把急需的技术从实验室转化到战场，以取得战略性优势。

（二）保持世界一流的人员团队，为提升空军核心能力提供智力支撑

目前，空军研究实验室共有各类人员 10099 人，其中军职人员 1434 人，文职人员 4759 人，其余为合同制或兼职人员。据统计，实验室 3573 位研究者和工程师中，包括 1096 位博士和 1694 位硕士，专业技能涵盖了 37 种核心技术能力和 109 种次核心技术能力。

空军研究实验室为保有世界一流的人员团队，执行形式丰富的人才计划和招聘活动。通过执行学者计划，发现、招募和聘用美国顶级的科技人才，据统计，空军研究实验室下属的科学研究办公室自 1951 年以来已资助 78 名科学家获得诺贝尔奖，平均资助时间长达 17 年；创建网站 www. Team

AFRL. com，向应聘者提供空军研究实验室的技术、研究领域和就业机会的详细信息；与在核心技术能力方面具有绝对优势的世界一流大学保持紧密联系；同时，成功举办新型暑期实习项目、空军研究实验室未成年人招聘项目以及新型空军研究实验室博士后奖学金项目，为实验室储备人才提供渠道。同时，为维护一支在科学、技术、工程和数学等研究领域强劲有力的人员团队，空军研究实验室聚焦于各学科的延伸领域，制定科学的人才计划，注重职员文化适应、监督、领导力等方面的培养，利用其人力资本优势吸引和激励每个成员全身心投入到空军各个领域的科技研究工作中。为留住顶尖的科技人才，实验室积极开展一系列计划和倡议，如学生贷款还款、学费援助、发展机遇计划（DOP）等各种保留激励措施；在 2015年，实验室还对离职人员进行了再次面试，以便更好地了解他们选择在实验室外寻找工作的原因，为维护人才稳定进行实例分析。

（三）注重全方位多领域合作，促进空军科技创新发展

空军研究实验室积极构建全方位合作关系，与军种其他部门、学术界、工业界等开展广泛合作，促进技术向实战装备快速转化。

空军研究实验室利用能力合作团队直接与空军一级司令部等部门进行互动，将空军科技研究与空军的首要任务统一起来，并及时响应空军当前与未来需求信号，提高空军研究实验室的投资回报，还通过重要相关团体（COI）与海军、陆军以及国防高级研究计划局等国防部机构展开合作，共同完善相关领域所需的技术，涉及领域包括高速/高超声速、全资源定位导航、管射无人飞行系统等。

同时，空军研究实验室积极拓展外部合作关系，在世界范围内与政府、工业界和学术界一起，牵头众多领域创新技术研发。例如，与美国国家增材制造创新机构签署新的 5 年合作协议，通过成本偿付或共摊形式共同出

资，为空军开发增材制造项目，并随空军需求增加特定主题项目。此外，空军研究实验室积极吸收外部投资，为空军科技发展提供有效保障，其资助机构包括国家科学基金会、国家航空航天局、能源部、国家标准技术研究院、情报界有关部门等，在基础研究方面还获得来自国际合作伙伴的投资。实验室在项目管理、经费管理等方面采取多种措施，充分保证这些投资得到有效利用，从而为空军科技发展提供有效保障。

（四）瞄准未来作战能力优势，支撑空军革新技术发展

为维持空军前沿技术优势，支撑国防部"第三次抵消战略"，空军进一步加大对优势技术领域的投资，为空军科技发展提供更为强有力的资金支持，据空军 2017 财年总统预算要求，科技方面的投入约为 25 亿美元，与2016 财年总统预算相比增加了 1.08 亿美元，上涨 4.5%。

作为空军科技统管部门的空军研究实验室，瞄准空军能力需求，继续以优势创新领域和"改变游戏规则"技术为投资重点，大力发展优势技术领域，在传统优势领域基础上，进一步加强前沿技术研发，如安全实兵、虚拟和构建式高级训练环境，定位、导航与授时，还包括制造技术、材料技术、网络、电子战、远距离传感等，其 2017 财年预算申请资金主要用于发展小型先进能力导弹、低成本运输工具、高速打击武器演示等技术。

同时，空军研究实验室正大力聚焦于几项改变游戏规则的技术，包括自主系统、无人系统、高超声速空气动力学、定向能以及纳米技术等，以此来巩固和扩大空军在速度、作战范围、灵活性和精准性等方面的技术与能力优势。特别是在自主系统和无人系统方面的工作，空军研究实验室已经为"第三次抵消战略"提供了关键支持。

（中国国防科技信息中心　齐卓砾　蔡文君　魏俊峰　谢冰峰）

FULU

附　录

2016 年国防科技管理领域发展大事记

美国海军作战部发布文件指导未来海军建设　1 月 5 日，美国海军作战部长发布《保持海上优势的计划》指南，分析美国海军面临的战略环境，规划美国海军未来建设方向：加强海上作战力量建设；保持并升级三位一体战略威慑力量中的水下力量；进一步巩固并推动信息战；评估美国海军舰队部队司令部、太平洋舰队司令部及其下属司令部的组织结构，以更好地支持军事行动；评估海军作战部长办公室的组织结构，精简海军总部；深化海军科研力量与私立实验室和工业企业的合作，提升美国海军研究实验室的核心竞争力。

美国海军研究办公室明确未来科技预算支出方向　1 月 13 日，美国海军研究办公室主任表示，计划将 20 亿美元海军科技预算用于四类计划：可使舰队快速具备新能力的快速反应计划；可在未来 3～4 年研制出更好武器系统的采办支持计划；可于未来 8 年投入作战的超越性创新计划；在今后 10 年内使作战人员具备突破性作战能力的基础研究类发现与发明计划。海军研究实验室与国内外众多合作伙伴开展合作，包括政府实验室、作战中心、工业企业、大学和其他学术机构，寻求海军重大突破性技术的新发现。

美国海军空间与海战系统司令部发布战略文件　1月22日，美国海军空间与海战系统司令部发布《2016年战略执行计划》文件：为实现2015—2022年战略构想，要加快向舰队交付先进技术；促成先进现代化信息技术和网络能力的交付；提供海军需要的网络技术领导力；降低战略执行成本；优化组织与人员结构。

美国政府发布网络空间发展重要文件　2月9日，奥巴马政府发布网络空间国家行动计划（CNAP），在总结7年多的任期内网络空间安全经验的基础上，从国家层面启动这项长期、宏大的网络空间行动计划，全面维护美国政府、企业和民众的网络空间安全。奥巴马政府同时发布了2016年网络空间研发战略计划，提出了美国网络空间技术的未来发展方向和重点任务。

美国国家科技委员会发布新版网络安全研发战略规划文件　2月，美国国家科技委员会公布了第二版本《可信网络空间——联邦网络安全研发战略规划》，针对网络系统面临的新形势和新挑战，提出了联邦网络安全研发战略规划和重点任务，提出了大幅度降低私营部门准入门槛、鼓励社会力量积极参与等举措。

美国海军成立新机构加快技术采办进程　2月19日，海军作战部长表示，海军参照空军快速能力办公室成立了海军加速能力办公室，将为成熟项目创建以较低风险实现部署的"快速通道"，并从始至终监督这些项目的进展。该办公室人员包括快速部署相关成熟系统所需的需求、采办、舰队及法律代表。海军将专门拨款，用于相关技术的原型机化及试验，将建造原型机，快速将其投入舰队进行检验，并利用相关经验教训叫停或改进相关项目。

澳大利亚国防部发布年度国防报告　2月25日，澳大利亚国防部发布

《2016 年国防白皮书》，评估了澳大利亚在 2035 年时间框架内可能面临的安全挑战及所需要的应对能力，提出了在未来更加复杂的战略环境下投资国防能力的政策措施，提升国防战略与能力，加强澳大利亚的国际防务伙伴关系以支持相关共同安全利益，投资政府与国防工业部门的伙伴关系以发展创新性技术并交付必要能力。

美国国防部长提出未来空间领域投资构想　3 月 1 日，美国国防部部长爱什·卡特在对硅谷的访问期间发表了题为"保卫海洋、互联网与空间：防护推动经济繁荣的领域"的演讲，表示美国在 2017 年对空间领域的投资总计将达到 220 亿美元以上，以增强对太空威胁行动进行鉴定、归因分析和抵消的能力。

美国国防部成立创新咨询部门　3 月 2 日，美国国防部宣布成立国防创新咨询委员会，阿尔法贝特公司（谷歌母公司）执行总裁埃里克·施密特担任委员会主席，12 名成员由施密特和卡特共同挑选，主要有成功领导大型私营企业或公共组织经验，善于发现和接纳新技术概念的技术研发和管理精英。该委员会负责为国防部提供关于最佳和最新创新实践的建议以及关于创新和自适应方法的独立建议，包括利用技术备选方案、精简的项目管理程序与方法，以为国防部问题确定快速解决方案，以应对未来组织架构与文化挑战。

美国海军成立颠覆性技术实验室　3 月 10 日，美国海军水面作战中心成立颠覆性技术实验室，推动海军各实验室机构加速研发创新技术，通过该实验室来产生创意和解决方案，并将其从概念变成现实。

日本防卫省发布文件资助民间开展基础技术研究　3 月 25 日，日本防卫省发布第二份《安全保障技术研发推进制度》文件，资助防卫省外的研究机构和人员开展有较大军事应用潜力、独创性和颠覆性的基础技术研究，主要包括三类：一是大幅提升现役装备性能的技术；二是有助于研发新概念武器的创新性技术；三是热点前沿技术的军事应用，计划开展 20 项主题研究。日本防卫省于 2015 年 7 月发布首份同名报告。

美国陆军发布信息技术发展指导文件 3 月 31 日，美国陆军首席信息官/信息总监宣布，发布《塑造 2025—2040 年陆军网络》战略，目的是引导科技发展要求，指引陆军发展前进。新的战略审查影响网络和系统的关键技术领域，包括动态传输、计算、边缘传感器、数据决策行为、人类认知增强、机器人技术和自主操作、网络安全、灵活性。

美国国防创新试验小组举办网络战挑战赛 3 月 31 日，美国国防部位于硅谷的国防创新试验小组办公室举办陆军网络战挑战赛，旨在寻求一个全局的微云管理原型解决方案，为陆军用于网络攻防作战的核心分布式云基础设施提供支持，陆军方面希望有意向的公司能在 30 天提交建议书以供筛选，并要求相关机构在 90 天进行原型设计，要求工业界为陆军微型云技术管理平台提供解决方案。

美国防部阐述"第三次抵消战略"两类重点项目 4 月 12 日，美国国会参议院武装力量委员会新兴威胁与能力小组委员会召开听证会，主题为"回顾 2017 财年国防授权请求中的国防部技术抵消计划战略与实施情况"，国防部负责研究与工程的助理部长、国防高级研究计划局局长、战略能力办公室主任出席并发表证词。国防高级研究计划局局长详细阐释了国防高级研究计划局的投资组合，其中重点介绍了与美国国防部"第三次抵消战略"有关的两类研究项目：一类是对抗下一代敌人的下一代技术，具体包括通信、电子、网络、天、空、水下等方面的技术；另一类是支持美国在更远期时间范畴内竞争优势的更基础性技术，具体包括增材制造、生物技术、极端物理学技术等。对每一类目按照已采用技术、在研技术、有巨大潜能需要长远投资的技术三个层次进行了具体项目介绍。

英国国防企业中心开展对外活动 4 月 27 日，英国国防科技实验室（DSTL）下属机构——国防企业中心（CDE）在伦敦英国皇家学会举行一场卖场活动，目的是向来自国防及更广市场的潜在投资者展示英国国防部资助的部分创新项目，增加项目进一步开发的可能性。国防企业中心负责为高风险、高潜在收益的新研究提供资金，联合最广泛的科学和技术提供者，包括学术界和小企业，为英国武装部队开发创新技术。

美国国防部常务副部长发表"第三次抵消战略"主旨演讲 5 月 2 日，美国国防部常务副部长罗伯特·沃克出席大西洋理事会"全球战略论坛"年度会议，就"第三次抵消战略"发表主旨演讲，人工智能及自主技术—自主系统将带来一个新的人机协作及人机作战编组时代，考虑到各种文化、结构及官僚制度上的壁垒，美国国防部正努力设想如何展开相关倡议，在训练、条令及新概念、新技术集成方面推进改革。

美国空军航天司令部发布《美国空军航天司令部司令的战略意图》 5 月 6 日，美国空军航天司令部发布《美国空军航天司令部司令的战略意图》文件，阐明了美国空军的战略现实及空军航天司令部要采取的措施，制定并实现空军航天司令部企业级构想；扩大试验、原型设计和探路者项目机会，支持研发、快速采办、维护与运行新系统；训练并部署机敏和快速适应的部队，使其全面整合到多领域作战。

美国国防部主持召开"国防高级研究计划局 2016 演示日"活动 5 月 11 日，美国国防高级研究计划局在国防部主持召开"国防高级研究计划局 2016 演示日"活动，展示该机构多元的创新技术和军事系统投资组合，重点展示其在航空、生物学、网络等 10 个重点研究领域的战略投资，国防高级研究计划局、学术界和私营企业项目负责人对航空系统、生物学、反恐怖主义、网络、地面战、海上系统、微系统、空间与电磁频谱等领域 60 多个项目进行了演示和解说。

美国海军联盟主办 2016 年"海空天博览会"　5 月 16 日至 18 日，美国海军联盟主办 2016 年"海空天博览会"，聚集军内外国防科技研发机构，相互学习及了解最先进的海上信息及技术。美国海军研究办公室、海军研究实验室、海军小企业创新研究项目展示了一系列突破性技术，包括可以自主组成的蜂群、以数量优势压制敌人的无人机、将虚拟与增强现实无缝融合的未来技术，以及可以在水中施救的机器人救生员等。

美国空军发布《2016—2036 年小型无人机系统飞行规划》　5 月 17 日，美国空军发布《2016—2036 年小型无人机系统飞行规划》报告，作为空军首部关于小型无人机系统未来发展的综合性愿景规划文件，阐述了小型无人机的 5 年、10 年以及 20 年的发展路线图，对小型无人机未来 20 年的技术发展、作战应用、采办计划提出了具体指导。

美国国家科技委员会发布《联邦大数据研究与发展战略规划》　5 月 19 日，美国国家科技委员会发布《联邦大数据研究与发展战略规划》，用于指导美国联邦机构大数据项目与投资工作，着重对大数据科学、大数据深入应用、大规模数据管理与分析等方面提出了 7 项战略规划。

美国计划将研制试验鉴定等工作交由作战试验鉴定局监管　5 月 30 日，美国"陆军内情"网站报道，根据 2017 财年《国防政策法案》，美国参议院武装部队委员会计划将研制试验鉴定工作和试验资源管理工作纳入作战试验鉴定局的监管范畴，并考虑将试验资源管理中心由负责研制试验鉴定的助理国防部长帮办转隶到作战试验鉴定局。要求国防部成立一个研究委员会，负责评估研制试验鉴定和作战试验鉴定活动之间的平衡，以及完成相关活动所需的资源。

美国陆军网络军演体现新特点　6月至7月，美国陆军网络卓越中心（CCOE）举行了"网络探索2016"军演。军演汇集了工业界、学术界和其他陆军组织，旨在定义一系列概念和能力，赋予指挥官对网络和电磁活动（CEMA）的态势理解（SU）能力，指挥官需要可视化并理解电磁环境下的友军、敌人和非军事或非作战人员的活动，不仅包括作战行动认知过程，而且包括通过新型工具感知、整合并呈现电磁频谱环境下的看不见的活动。许多厂商提议的可视化工具被选中并运用到军演，其中包括记录电子战规划和管理工具项目。军演为工业界更好地了解士兵需求和作战限制提供机会，并使士兵探索新战术、技术和程序。

美国国防部发布《国防创新试验小组》指令　7月5日，美国国防部发布国防部5105.85指令《国防创新试验小组》，明确了国防创新试验小组的管理体制、管理机构和职责分工，国防创新试验小组的主要任务和工作机制。

美军参联会发布联合作战环境报告　7月14日，美军参联会发布《联合作战环境2035年：对抗与无序世界中的联合部队》报告，未来20年美军所面临的安全环境主要表现在三个方面：世界秩序；人口与地缘政治；科学、技术与工程。其中，科学、技术与工程的重大进展将对美国安全环境产生重大影响，并呈现以下特点：一是交叉学科研究将取得突破性进展；二是系统及系统集成的重要性不断提高；三是新型对抗/反对抗措施的竞争加剧；四是信息技术扩散；五是新兴高端、资本密集型军事能力不断出现。

美国国家科技委员会发布量子信息报告　7月22日，美国国家科技委员会发布《先进量子信息科学：国家挑战及机遇》报告。报告总结了量子信息科学的应用前景，分析了美国在该领域发展所面临的挑战以及目前的投资重点等。

美国国防创新试验小组正式运行　7月26日，美国国防部长阿什顿·卡特宣布"国防创新试验小组"项目位于东海岸中心波士顿办公室开始运营。开设波士顿办公室有重要意义，波士顿中心紧邻麻省理工学院及哈佛大学所坐落的剑桥市，机器人和生物技术等领域较为突出。

美国国防高级研究计划局发布创新报告　7月，美国国防高级研究计划局官网发布了《国防高级研究计划局的创新》报告，对美国国防高级研究计划局的创新机制进行了系统阐述。报告回顾了美国国防高级研究计划局的创新发展历程；总结了美国国防高级研究计划局成功的根源，包括有限的任期制、谋求对敌技术突袭的使命意识、上下级信赖与放权机制、宽容失败的文化等；阐述了国防高级研究计划局项目运行过程与项目经理的职能作用；描述了美国国防高级研究计划局项目成果的转化途径与流程；介绍了美国国防高级研究计划局合同管理办公室的职能与运行模式；阐明了消除官僚体系、美国国防高级研究计划局高效运行管理机制。

我国台湾"立法院"成立专门机构加强信息安全工作　8月1日，台湾"立法院"专门成立信息安全办公室。蔡英文"政府"自5月20日"执政"以来，将信息安全作为"政府"最优先事项，采取系列措施提高信息安全。成立信息安全办公室，推动"政府"信息安全管理准则的通过，并制定一项为期3年的信息安全发展计划。

日本防卫省发布新版防务白皮书　8月2日，日本防卫省发布《日本2016防务白皮书》，提出了日本防卫省三个优先发展领域：持续提高国防项目管理、采取措施保证技术优势、在国防装备和技术方面开展合作。在国防项目管理方面，采取新举措，如大宗采购、长期合同授予以及改进效率，降低采办成本和保证采购的稳定性。在技术创新方面，继续重视开展集成双重用途技术的装备研发，促进各个机构更加广泛地参与国防技术研发。

在国防装备与技术合作方面，通过多项倡议促进日本工业部门参与国际制造流程，建立通用维护基地。

美国国防部副部长提议强化国防科技生态系统分析评估 8月4日，美国国防部常务副部长鲍勃·沃克要求国防创新委员会成立一个分委员会，聚焦于美军的科技"生态系统"，并为企业创新提出方法和建议。分委员会的具体职责包括以下六点：一是对国防部承担基础研究、应用研究、技术测试及其他科技研究相关职能进行评估，并分析创新在其中所起的作用。二是评估国防部科技"生态系统"，并思考研发机构的作用以及这些机构如何进行创新的问题。在评估研发机构时，国防创新委员会应思考国防部科技"生态系统"与开发部门和最终用户之间的关系。三是评估军方与外部专家的合作情况，外部专家包括政府其他部门、学术界和私营部门的科学家、学者、研究人员与创新人员。评估这些合作的有效性，使创新能够推进美军任务的完成。分委员会还将评估美国国防部战略、政策、体制机制、投资和合作能力等情况。四是评估美国国防部的科学研究战略，并确定战略与国防部创新活动和战略优先事项之间的关系。五是审查国防部如何将科学研究应用于业务流程、装备采办、战场和作战中，以掌握国防科学研究与创新之间的最新情况。六是确定有关国防部资助研究项目决策的管理模式，并就改进决策过程进而提高创新能力提出建议。

美国陆军计划通过挑战赛评估网络空间作战平台技术 8月10日，联邦商业机会网站发布公告，美国陆军计划举办一个网络创新挑战赛，评估整合网络空间作战平台的技术可行性。陆军采办执行办公室、陆军网络司令部和陆军第2集团军以及陆军训练与条令司令部联合发起此活动，目的是整合攻击、感知和告警（AS&W），事件响应，事故处理、分析、报告，自动化工作流程，威胁情报和脆弱性管理等系列安全技术，加强指挥和控制。

美国国防部发布报告提出信息技术路线图　8 月18 日，防务内情网报道，美国国防部近日发布《信息技术（IT）环境：面向未来战略格局的途径》报告，提出了国防部新的信息技术路线图，构建一个安全、有效、高效的信息环境。目标是将重点转移到保障联合信息环境能力方案上，改善与团队、工业部门共同完成任务的情况；构建云计算环境，加强数据中心基础设施建设，成立新的数据中心管理小组关闭无用的数据中心；建立良好的通信及网络设施，对国防部的投资进行落实与监管。

日本防卫省发布战略文件指导防务技术发展　8 月31 日，日本防卫省发布《防卫技术战略》和配套的《中长期技术评估》报告，明确了日本防卫装备厅未来 20 年的技术发展重点和 4 个具体方向，旨在引导日本防务科研部门发展"改变游戏规则"的前沿技术，确保日本防务领域的技术优势。

澳大利亚发布《陆军现代化计划》配套文件　9 月 5 日，澳大利亚国防部发布《塑造陆战领域国防科技 2016—2036》文件，作为 2015 年《陆军现代化计划》的配套文件，该文件明确地阐述了实施现代化战略所需要的科技能力，关注维持现有兵力的科技需求。确定了澳大利亚陆军一些重点领域：优化人与系统的交互；任务指挥控制系统的现代化；研发和测试作战概念及兵力结构；应对对手利用商用现货技术的能力；加强对遥控、自动化和自主系统的利用。

美国"国防创新试验小组"新增奥斯汀办公室　9 月14 日，美国国防部部长阿什顿·卡特宣布，国防部正在得克萨斯州奥斯汀建立新的"国防创新试验小组"外设办公室，使其成为继硅谷、波士顿之后的第三个国防创新试验小组办公室。国防创新试验小组重点关注自主性、人工智能、机器学习、网络安全及分析等一系列技术领域，采用开放式商业解决方案，将民用高新技术引入国防科技创新领域。

英国国防部发布国防创新纲要　9 月 16 日，英国国防部发布《国防创新纲要：通过创新取得优势》文件，分析英国国防创新背景和动因，阐述了英国国防创新战略构想，提出了国防创新核心愿景，通过战略规划驱动创新、通过科技催化创新、将创新性解决方案变为现实，最终目的是获取英国未来军事技术优势，应对不断变化的安全威胁和挑战。

美国海军发布文件明确重点科技目标　9 月 19 日，美国海军发布 2016 年版《水下战科技目标》，甄别出了 10 个重点领域，其中水下机动战、水下精确导航与授时是新增加的重点领域。水下机动战包括：对抗新兴敌人水下战武器方面的能力发展，旨在控制敌人的海上态势感知；拒止敌人的海域自由机动；强化美军及盟军的海域自由机动；限制敌人作战能力的发挥；促成水下部队的快速聚集及快速分解手段。水下精确导航与授时，包括"反介入或区域拒止"威胁，以及水下部队如何维持导航的精度，寻求能使水下资产可靠确定位置、时间并降低对上方（水面或空中等）传感器依赖性的技术。

我国台湾成立"国防科技处"　10 月 11 日，台湾"国防部"证实，将于 2017 年 1 月 1 日成立新的军事技术研发机构——"国防科技处"。该机构将仿照美国国防高级研究计划局模式运作，未来专责发展"颠覆性"和"创新性"技术，以提升台湾军事创新与不对称作战能力，实现"吓阻大陆"的目标。台湾"国防部"本部设有"战略规划司""资源规划司""法律事务司"和"整合评估司"。新成立的"国防科技处"隶属"资源规划司"，由该司下属的"科技企划处"扩编而成。

俄罗斯召开"俄罗斯工业 4.0：超前发展会议"　10 月 27 日，俄罗斯联邦召开首届"俄罗斯工业 4.0：超前发展"会议。会议由产业集群和科技园区协会主办，来自俄罗斯国家杜马、工贸部、经济发展部、俄罗斯直升机公司等 40 多个政府机构和大型集团的 200 余位代表出席了会议。会议报告指出，俄罗斯工业 4.0 将围绕《国家技术创新计划》展开。会议主要议题包括"产业集群和科技园区是国防工业系统企业迈向新工业模式的先进工具""为实施《国家技术创新计划》建立一体化支持机制""围绕产业群形成燃料能源综合系统"等。

卡特发表"第三次抵消战略"主旨演讲　10 月 28 日，美国战略与国际研究中心举行"评估'第三次抵消战略'"主题研讨会，国防部长阿什顿·卡特、常务副部长鲍勃·沃克以及美国政府其他官员、美国盟友、非政府组织专家与会。卡特发表了《评估"第三次抵消战略"：通往国防创新未来的道路》主旨演讲，阐释了国防部在技术、作战、组织、人才四个领域的创新工作，介绍了每个领域创新的必要性、正在进行的创新活动，以及未来的创新措施。美国国防部常务副部长鲍勃·沃克在参加战略与国际研究中心所举办的"评估'第三次抵消战略'"论坛上表示，国防部通过"第三次抵消战略"寻求下一代技术和概念来确保美国的军事优势，真正意图是增强美国的常规威慑能力，以确保战争不会发生。

美军多个项目获科技研发大奖　11 月 3 日，素有科技产业奥斯卡之称的"全球百大科技研发奖"在华盛顿揭晓。美国陆军研究实验室的"实时元素监控系统"，空军研究实验室的"Aerocron 2100 电泳底漆"，国家航空航天局格林研究中心和空军研究实验室合作的"DSS 研墨太阳能阵列系统"入围该榜单以及国家航空航天局的"电池 ISC 设备"入选榜单。

美国太平洋舰队创新实验室正式成立　11 月 7 日，美国太平洋舰队潜艇部队的指挥官弗雷里克·勒格少将参加了美国太平洋舰队创新实验室成立剪彩仪式。创新实验室允许潜艇水手使用虚拟现实（VR）和增强现实（AR）技术，降低舰队训练和作战要求的成本。实验室开发和利用计算机游戏产业、蜂窝电话市场等商业部门的研究成果和工具，探索最新技术，帮助士兵看到前沿虚拟现实和增强现实技术，分享将虚拟现实和增强现实技术用于潜艇的意见，塑造潜艇未来的训练、操作和维护模式。

特朗普政府将修订预算法案 11 月 9 日，国家利益网站报道，美国总统唐纳德·特朗普即将入主白宫，新一届政府将对 2011 年《预算控制法案》进行修订。虽然新政府国防政策的具体细节还不明确，但可能会从潜艇、穿透防空、下一代空中优势、新式坦克、定向能武器等五个方面加大投资力度。

美国国防部将设立"首席创新官" 11 月 11 日，美国国防部长阿什顿·卡特在战略与国际研究中心举办的活动中称，国防部将设立"首席创新官"职位，原有的"首席采办官"职位将被撤销，部分职权将由负责"研究与工程"的新任官员接管。"首席创新官"作为国防部长的高级顾问，负责主持并开展国防部的各种创新活动。目前，诸如 IBM、英特尔和谷歌等科技公司都开始举办各种例行创新活动和比赛，国防部将会以物资奖励的方式，激励人们不断提出创新理念和方法。

美国陆军研究实验室与大学开展合作 11 月 16 日，美国陆军研究实验室报道，美国陆军研究实验室与德克萨斯大学和其他地区大学合作，成立陆军研究实验室南部办公室，利用区域资源，陆军研究实验室与区域合作伙伴建立新的研究团队，推进增材制造、能源和电力、生物科学、人工智能系统和网络科学等领域科技研究，加速技术成熟进程，为陆军获得关键领域的技术优势提供支持。11 月 30 日，陆军研究实验室网站报道，陆军研究实验室于近日在马里兰州阿德尔菲举办的"开放校园"开放日宣布成立自适应士兵技术中心。该虚拟中心旨在促进开放的技术对话以及建立一个活跃的感兴趣的自愿者机构，以推进该具体领域科学和技术的发展。虚拟中心的核心是以下人员、机构等的动态技术对话，包括：高水平研究和演示验证机构；包含个体和团队合作伙伴在内的兴趣机构；相关的开放校园实验室和设施；可增强该具体技术领域科学和技术生态系统的活动与机会。

美国国防部设立高级再生制造研究所　12 月 21 日，美国《防务新闻》报道，美国国防部宣布设立高级再生制造研究所（ARMI），这是奥巴马政府任期内美国制造业战略规划项目成立的第七个国防制造中心。该研究所设在新罕布什尔州曼彻斯特，其主要任务是组织当前国内分散的组织生物制造技术能力，提高美国在全球竞争中的地位，重点关注高通量培养、3D 生物制造、生物反应器、存储方法、破坏性评估、实时监测/感知与检测等技术。

美国通过法案升格网络司令部　12 月 23 日，奥巴马签署 2017 年度《国防授权法案》，将网络司令部提升为独立作战司令部。声明称，网络司令部已发展成熟，应有条件地取代当前的架构，将网络司令部和国家安全局的任务进行分离，应由行政部门独立决定网络司令部的领导方式。

俄罗斯批准新版科技发展战略　12 月，俄罗斯总统普京向联邦会议发表年度国情咨文时称，已批准新版《俄罗斯联邦科技发展战略》。该战略明确了俄罗斯科技长远发展战略和方向重点，指明科技优先发展方向为数字化生产技术、新材料、大数据处理系统、计算机教学和人工智能、向生态清洁和资源保护型能源转变、医学模拟技术。该战略共有 300 多名专家学者参与拟制。